世界名人非常之路

徐悲鸿

从画师到大师

刘明山 ◎ 编著

中国社会出版社
国家一级出版社·全国百佳图书出版单位

"世界名人非常之路"编委会

主　　任：刘明山

编　　委：
周红英	王汉卿	高立来	李正蕊	刘亚伟	张雪娇
方士娟	刘亚超	张鑫蕊	李　勇	唐　容	蒲永平
冯化太	李　奎	李广阔	张兰芳	高永立	潘玉峰
王晓蕾	李丽红	邢建华	何水明	田成章	李正平
刘干才	熊　伟	余海文	张德荣	付思明	杨永金
向平才	赵喜臣	张广伟	袁占才	许兴胜	许　杰
谢登华	衡孝芬	李建学	贺欣欣	刘玉磊	王莲凤
刘振宇	张自粉	苗晋平	卓德兴	徐文平	王翠玉
刘春青	谭永军	马超群	马　成	赖春红	张世君
周筱筱	苗　婕				

写在前面的话

著名学者培根说:"用伟大人物的事迹激励我们每个人,远胜于一切教育。"

的确,崇拜伟人、模仿英雄是每个人的天性,人们天生就是伟人的追星族。我们每个人在追星的过程中,带着崇敬与激情沿着伟人的成长轨迹,陶冶心灵,胸中便会油然升腾起一股发自心底的潜力,一股奋起追求的冲动,去寻找人生的标杆。那种潜移默化的无形力量,会激励我们向往崇高的人生境界,获得人生的成功。

浩浩历史千百载,滚滚红尘万古名。在我们人类历史发展的进程中,涌现出了许多可歌可泣、光芒万丈的人间精英。他们用挥毫的笔、超人的智慧、卓越的才能书写着世界历史,描绘着美好的未来,不断创造着人类历史的崭新篇章,不断推动着人类文明的进步和发展,为我们留下了许多宝贵的精神财富和物质财富。

这些伟大的人物,是人间的英杰,是我们人类的骄傲和自豪。我们不能忘记他们在那历史巅峰发出的洪亮的声音,应该让他们永垂青史,英名长存,永远纪念他们的丰功伟绩,永远作为我们的楷模,以使我们未来的时代拥有更多的出类拔萃者,以便开创和编织更加绚丽多姿的人间美景。

我们在追寻伟人的成长历程中会发现,虽然每一位人物的成长背景各不相同,但他们在一生中所表现出的辛勤奋斗和顽强拼搏精神,则是殊途同归的。这正如爱默生所说:"伟大人物最明显的标志,就是他们拥有坚强的意志,不管环境怎样变化,他们的初衷与希望永远不会有丝毫的改变,他们永远会克服一切障碍,达到他们期望的目的。"同时,爱默生又说:"所有伟大人物都是从艰苦中脱颖而出的。"

伟大人物的成长也具有其平凡性,关键是他们在做好思想准备进行人生不懈追求的过程中,从日常司空见惯的普通小事上,迸发出了生命的火花,化渺小为伟大,化平凡为神奇,

写在前面的话

获得灵感和启发,从而获得伟大的精神力量,去争取伟大成功的。这恰恰是我们每个人都要学习的地方。

正如学者吉田兼好所说:"天下所有的伟大人物,起初都很幼稚而有严重的缺点,但他们遵守规则,重视规律,不自以为是,因此才成为一代名家,成为人们崇敬的偶像。"

为此,我们特别推出"世界名人非常之路"丛书,精选荟萃了古今中外各行各业具有代表性的名人,其中包括政治领袖、将帅英雄、思想大家、科学巨子、文坛泰斗、艺术巨匠、体坛健儿、企业精英、探险英雄、平凡伟人等,主要以他们的成长历程和人生发展为线索,尽量避免冗长的说教性叙述,而采用日常生活中富于启发性的小故事来传达他们成功的道理,尤其着重表现他们所处时代的生活特征和他们建功立业的艰难过程,以便使读者产生思想共鸣和受到启迪。

为了让读者很好地把握和学习这些名人,我们还增设了人物简介、经典故事、年谱和名言等相关内容,使本套丛书更具可读性、指向性和知识性。

为了更加形象地表现名人的发展历程,我们还根据人物的成长线索,适当配图,使之图文并茂,形式新颖,设计精美,非常适合读者阅读和收藏。

我们在编撰本套丛书时,为了体现内容的系统性和资料的翔实性,参考和借鉴了国内外的大量资料和许多版本,在此向所有辛勤付出的人们表示衷心谢意。但仍难免出现挂一漏万或错误疏忽,恳请读者批评指正,以利于我们修正。我们相信广大读者通过阅读这些世界名人的成长与成功故事,领略他们的人生追求与思想力量,一定会受到多方面的启迪和教益,进而更好地把握自我成长的关键,直至开创自己的成功人生!

徐悲鸿

人物简介

❧ 名人简介 ❧

徐悲鸿（1895~1953），生于中国江苏宜兴屺亭桥。中国现代美术事业的奠基者，杰出的画家和美术教育家。

自幼随父亲徐达章学习诗文书画。

1912年，徐悲鸿17岁时便在宜兴女子初级师范等学校任图画教员。1916年，入上海复旦大学法文系半工半读，并自修素描。

1917年，留学日本学习美术，不久回国，任北京大学画法研究会导师，并兼职于孔德学院。1919年赴法国留学，考入巴黎国立美术学校学习油画、素描，并游历西欧诸国，观摩研究西方美术。

1927年回国，先后任上海南国艺术学院美术系主任、中央大学艺术系教授、北京大学艺术学院院长。

1933年起，先后在法国、比利时、意大利、英国、德国、苏联举办中国美术展览和个人画展。

抗日战争爆发后，在我国香港和新加坡、印度举办义卖画展，宣传支援抗日。后重返中央大学艺术系任教。

中华人民共和国成立后，任中华全国美术工作者协会即现中国美术家协会主席、中央美术学院院长等职，为第一届全国政协代表。

1953年9月26日，徐悲鸿在北京逝世，享年58岁。

❧ 成就与贡献 ❧

徐悲鸿的作品熔古今中外技法于一炉，显示了极高的艺术技巧和广博的艺术修养，是古为今用、洋为中用的典范，在我国美术史上起到了承前启后、继往开来的巨大作用。

徐悲鸿

徐悲鸿擅长素描、油画、中国画。他把西方艺术手法融入到中国画中，创造了新颖而独特的风格。他的素描和油画则渗入了中国画的笔墨韵味。

徐悲鸿的创作题材广泛，山水、花鸟、走兽、人物、历史、神话，无不落笔有神，栩栩如生。

徐悲鸿的代表作油画《田横五百士》《溪我后》，中国画《九方皋》《愚公移山》等巨幅作品，充满了爱国主义情怀和对劳动人民的同情，表现了人民群众坚韧不拔的毅力和威武不屈的精神，表达了对民族危亡的忧愤和对光明的向往。

徐悲鸿常画的奔马、雄狮、晨鸡等，给人以生机和力量，表现了令人振奋的积极精神。尤其他的奔马，更是驰誉世界，几近成了现代中国画的象征和标志。

地位与影响

徐悲鸿长期致力于美术教育工作。他发现和团结了众多的美术界著名人士。他培养的学生人才辈出，许多已成为著名艺术家，成为中国美术界的中坚骨干。他对中国美术队伍的建设和中国美术事业的发展做出的卓越贡献，无与伦比，影响深远。

1953年9月26日，徐悲鸿因脑出血病逝，享年58岁。按照徐悲鸿的愿望，夫人廖静文女士将他的作品1200余件，他一生节衣缩食收藏的唐、宋、元、明、清及近代著名书画家的作品1200余件，图书、画册、碑帖等10000余件，全部捐献给国家。

次年，徐悲鸿故居被辟为徐悲鸿纪念馆，集中保存展出其作品，周恩来总理亲自题写"悲鸿故居"匾额。

目录

徐悲鸿

童年生活

从小受父亲影响 ················· 2
开始努力地学画 ················· 7
与父亲流浪卖画 ················· 13
担负家庭的重担 ················· 19
只身在上海漂泊 ················· 24
再次来到上海 ··················· 33

艰辛求学

求学中不懈绘画 ················· 40
远赴日本学绘画 ················· 46
在北京初露头角 ················· 51
到巴黎进行深造 ················· 63
终于回到了祖国 ················· 71

纵笔驰骋

推动画坛的革新 ················· 78
发掘绘画的人才 ················· 90
为国家兴衰忧思 ················· 97
在各国举行画展 ················· 103

徐悲鸿

目录

永不疲惫

心怀祖国的安危……………………………………………114
为国画艺术奋斗……………………………………………129
积极地宣传抗日……………………………………………141
为正义坚持战斗……………………………………………151
为和平解放努力……………………………………………163
为艺术事业献身……………………………………………175

附 录

经典故事……………………………………………………186
年　谱………………………………………………………194
名　言………………………………………………………198

童年生活

我的座右铭是：人不可有傲气，但不可无傲骨。

—— 徐悲鸿

从小受父亲影响

1895年7月19日，对于其他人来说，也许是平凡的一天，然而对于江苏省宜兴县屺亭桥镇的徐达章来说，是极为重要的一天。

这个江南小镇，镇上住着五六十户人家，一条小河横于小镇中间，河两岸由一条石拱桥连接着，因此取名屺亭桥镇。距离美丽的太湖30多里，风光宜人，民风淳朴。这条宽阔的塘河蜿蜒流过江苏南部肥沃的平原，永无休止地载着江南农民血汗劳动的成果——农副产品和手工艺品，运往南京和上海等城市。

巨大而沉重的木船扬起鼓鼓的白帆，小火轮尖锐地呼叫着，疾驶而去，河水掀起层层白色的浪花，拍打着河岸。

夜晚，河流已经沉浸在浓重的夜色中。在邻近的一座峰峦后面，弯弯的月牙正从那儿升起，它在暗蓝色的天空中缓缓移动，冉冉升到了中天，繁星在静静地闪烁。

忽然，河岸上一所小屋里飘出婴儿呱呱坠地时的清脆哭声，接着是一串噼噼啪啪的爆竹声，这儿那儿传来一阵狗吠。

在这样一个夜晚，徐悲鸿诞生在屺亭桥镇。

此刻，年轻产妇苍白的脸上，漾起一丝疲乏的微笑，她用温顺而欢喜的眼光默默地望着襁褓中的婴儿："我的儿子，看你长得多么像你的父亲。"她幸福地想："愿他将来也像他的父亲一样，成为一个画家。"

小悲鸿的祖父名砚耕，早年追随洪秀全参加太平天国革命，征战千里，勇猛顽强。太平天国革命失败以后，他便率领全家来到屺亭桥镇，以打工为生，吃尽了人间辛苦。

经过10个寒冬的奋斗,他们终于在河边上盖起了一间小房子,小悲鸿便是在这间小房子里诞生的。故乡的山水养育了他,故乡的亲情陪伴着他。他曾满怀深情地回忆道:

> 我们的小屋虽然很简陋,但我的祖先引以为豪的是有南山作屏风可抵风寒。塘河像条银色的缎带,太阳和月亮,霜和雪,都点缀了家乡的山山水水。
>
> 我们和渔夫、柴农结成了朋友……大自然给予了我们多么美好的一切啊!

徐悲鸿的父亲名达章,号成三,出生在寒苦家庭,上不起学堂。但他自幼喜欢画画,无论是鸡、狗、鸟、羊、猫,还是树木、花草、山水,他都喜爱描画。

特别是对人物,徐达章更是特别爱钻研。每有闲暇,就拿起笔来,画父母、姐妹,画乡邻、乞丐,笔法细腻,惟妙惟肖,成为当地有名的画师。

他现存的印章有"半耕半读半渔樵""读书声里是吾家""儿女心肠,英雄肝胆""闲来写幅丹青卖,不用人间造孽钱"等,将自己的感触和抱负表现在印章里。他的书法浑厚苍劲,字幅流传遍及远近的寺庙。

徐达章画的人物肖像工整而传神,现今留下的一幅《松荫课子图》,是他30多岁所作。画中徐悲鸿坐在课桌前琅琅读书,徐达章持扇坐在徐悲鸿身后凝神谛听。

当时能将人物画画得这样形似而又传神的人是不多的。他的写意花卉很受徐渭和比他略早一些时候的任伯年的影响,清新淡雅。

徐达章的山水画也是写实的,宜兴的私人收藏家至今仍收藏着徐达章画的《荆溪十景图》,描绘了宜兴的风光景色,如张公洞、善卷洞等。

现今,宜兴的图书馆里还收藏着一部县志,记录了当年宜兴县令很"器重"徐达章的才华,邀他做官之事。

但徐达章一生喜欢清静的生活,不求功名利禄,蔑视荣华富贵,在《松荫课子图》上,他曾作诗一首,以表达自己的心情:

无才济世坏惭甚,书画德将砚作田;
落落襟怀难写出,光风霁月学糊涂。

有一次,他听说那位县令以访贤为名,要来看望他,他立即躲到一所寺庙里去了。他以淡泊宁静的生活态度来蔑视富贵荣华。

徐达章的绘画清新淡雅,书法浑厚苍劲,为人淳朴正直,这些都对徐悲鸿的成长起到了潜移默化的作用。徐达章的作品传世不多,现今能看到的只有《松荫课子图》《荆溪十景图》等极少几件。

徐悲鸿是看着父亲画画长大的。幼年时,许多小孩都跟父亲学习绘画和写生,但他却不能。因为父亲让他读书,不允许他学画。

幼小的徐悲鸿不懂父亲的用意,有时哭闹不止。他在自述中这样写道:

扬州有一位姓蔡的医生,他会画画,有段时间他带着孩子住在我的家。他的儿子叫邦庆,比我大一岁,每天我们都在一起玩耍,是我的好伙伴。他也爱画画,总是涂啊抹的。想画什么就画什么。可我却不能,父亲总是严格地教我读书。那时,我真羡慕邦庆自由自在地画画呀!

徐悲鸿6岁开始跟父亲读书。那时,镇上的许多小孩都到学堂上学了,可是因为家境贫寒,生活窘迫,父亲无法拿出多余的钱供他上学，徐悲鸿便一边劳动一边在家学习。

徐达章在镇上卖字卖画，还要起早贪黑耕种瓜田。幼年的徐悲鸿不仅要跟着父亲参加劳动，还要替别人放牛，到了晚上，父子俩便在煤油灯下读书，《诗》《书》《易》《礼》《四书》《左传》，都被徐悲鸿烂熟于心。

父亲不仅教他读书，还教他读历史，读人生，读人间的善与恶，读世间的美与丑，这使徐悲鸿从小就学会了自强自立。

闲余之时，徐悲鸿也想学画，但父亲就是不允许。

有一天，父亲教他读《论语》，当学到卞庄子之勇时，徐悲鸿问父亲："卞庄子有什么勇？"

父亲告诉他："卞庄子能刺虎，虎是百兽之王，勇猛无比。"

接着，父亲给他讲了一个故事：春秋时候，鲁国有一位非常勇敢的年轻人，名字叫卞庄子。有一次，他独自一人到山林中，正遇两只凶猛的老虎向他走来，卞庄子镇定自若，与老虎搏斗，终于逮住了这两只老虎。

这件事很快被人们传出去，并传到了齐国。当时齐国正想攻打鲁国，一听到这个消息，便不敢出兵侵略鲁国了。

这个小小的故事使年幼的徐悲鸿沉浸在幻想中：老虎是什么形状呢？他一面读着那册发黄的木版刊印的《论语》，一面不平静地想着。然而，在穷乡僻壤的村镇，既无动物园，又无动物画片，而小悲鸿多么想知道"百兽之王"的老虎的形状啊！

有一天，他找到一个人，替他画了一只老虎，他便悄悄地依样描绘下来，心里暗暗欢喜。

不久，父亲发现了他的画，便问他："这是什么？"

徐悲鸿高兴地说："这是我画的老虎，也就是卞庄子抓到的老虎。"

父亲却很冷淡地说："这哪里是老虎，像只狗呀！"

徐悲鸿睁着失望而疑惧的眼睛望着父亲，泪水涌到眼眶里了。

看到徐悲鸿悲伤的样子，父亲疼爱地说："你应当好好用功读书，因为要想成为一个画家，首先要有渊博的学识，所以必须养成勤奋读书的习惯。"

徐悲鸿伤心地哭起来，抽泣着对父亲说："可是，我想学画画！"

父亲看到他伤心的样子，又安慰说："这样吧，等你读完了《左传》，爸爸亲自教你画画，好不好？"

"您说的是真的吗？"徐悲鸿不敢相信地望着父亲。

"嗯！"父亲郑重地点点头。

徐悲鸿终于破涕为笑。

接着，父亲极其严肃地告诉他："画画是一门艺术，首先要学会用眼睛来观察实物，观察世界。你没有看见过老虎，怎么就能画出老虎呢？"

听了父亲的话，徐悲鸿低下了头。他默默地把父亲的话记在心里，决定以后要在书中领略历史知识、人生哲理。

开始努力地学画

徐悲鸿在父亲辛勤的教导下,9岁就读完了《诗》《书》《易》《礼》《四书》《左传》。

许多亲友都劝徐达章:"送孩子上学吧,画画不能填饱肚子,怎么能靠它谋生呢?"

徐达章轻轻地叹息着。

在灾难深重的旧中国,画家是没有什么出路的。徐达章画艺精湛,不但找不到工作,而且还难以维持生计,自己的遭遇不就说明了一切吗?

但徐悲鸿喜欢画画,只要一拿起画笔,他就忘记了一切。

这时,父亲才开始教他每天临摹一幅吴友如的人物、界画。吴友如是清代末年最著名的插图画家,能在尺幅之中描绘楼台亭阁、虫鱼鸟兽、奇花异草以至千军万马。他作为启蒙老师,进入了徐悲鸿的艺术生涯。但父亲更着意叫徐悲鸿写生,画父母、兄弟、邻人、乞丐等。

徐悲鸿懂得父亲的用意,理解父亲的苦心。他用心读书,勤奋学画。白天,他跟着父亲下田干活,晚间在灯下或月光下看书、作画,直至困得睁不开眼睛才去睡觉。

有时,父亲带他沿着河岸步行,引导他欣赏和观察大自然。那光芒四射的朝霞,奇姿异态的怪石,诗一般的翠竹晴岚,梦境一样的晓雾渔舟……

所有这一切,仿佛美妙的音乐一般,温柔地触动着徐悲鸿那颗稚嫩的心,神奇地将美术的肥硕种子,撒在徐悲鸿的心里,使他热爱大自然,热爱自己的乡土。

徐悲鸿出生的那一年,正是甲午海战的次年,腐败的清朝政府与帝国主义签订的不平等条约加深了人民的苦难。农村日益凋敝,农民、小商人、小手工业者很多都破产流亡。

徐达章在镇上鬻字卖画已不能维持全家生活,还要起早贪黑耕种7亩瓜田。幼年的徐悲鸿也跟着父亲参加农业劳动。

家里没有牛,要借邻人的牛犁田,就要替邻人放牛作为补偿。在山冈水湄,牛寻嫩草,徐悲鸿觅野花,这是他童年甜蜜的回忆。有时,田里缺水,他矮小的身子趴在水车上车水,脚板上便留下一道一道血红的印子。

开春的时候,和煦的春风吹绿了小屋后面的桑树的嫩叶,徐悲鸿的母亲便忙着养蚕了,以蚕丝的收入贴补家用。

当时,兴办学校的风气盛行,不仅富人的子弟都进学校读书,一些家境勉强过得去的人也都送子女入学。

徐悲鸿知道自己家穷,上不起学堂,可他心里渴望着有一天能背着书包,和小朋友一起高高兴兴地去学堂念书。他常常利用放牛的机会,悄悄地来到教室外,入神地听老师讲课,有时牛跑了,他都不知道。

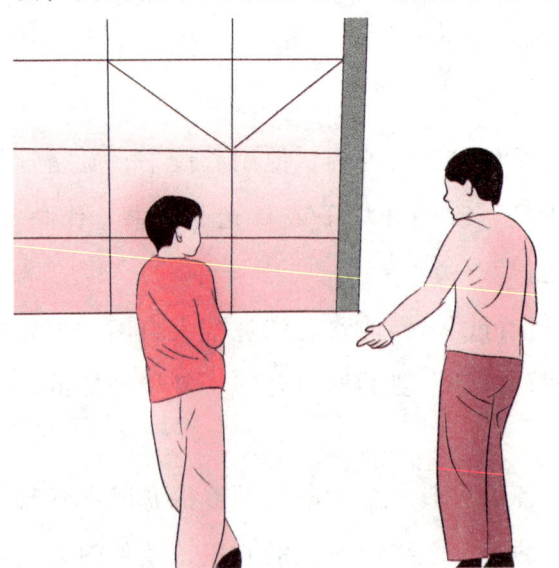

有一天,他正在窗外偷听,被几个富家子弟发现了。他们围着徐悲鸿指手画脚,并且还嘲笑徐悲鸿。

这件事在幼小的徐悲鸿心中,留下了一道伤疤。从那时起,他在心里立下誓言:"只要我活着,我就要为穷人家的孩子争口气,我一定要当一个大画家。"

徐悲鸿更加刻苦学习作画了。

他除了临摹吴友如的画外,又在父亲的指导下学写生,画父亲、邻居、兄弟……

在那美丽的乐园里,有一大群和他一样被排斥在学校门外的小伙伴,他们一同劳动,一同游戏,一同幻想沿着门前的河岸,走到遥远而广阔的世界去。

徐悲鸿喜欢看戏。每逢节日,小镇上总要上演戏剧,有江南地方戏,也有迎神戏。遇到这样的日子,徐悲鸿兴奋极了,他挤进人群中,或趴在树干上,随着阵阵的锣鼓声,进入情节之中。他为剧中人物的美好结局而高兴,也为剧中人物的不幸而悲伤。

一次,台上演出一部古装戏,戏中的恶棍欺辱一个老人,徐悲鸿怒火中烧,竟忘了看戏,大声喝道:"不许欺负老人。"

引得看戏的人们善意地哄笑起来,徐悲鸿愣住了,想到这是在演戏,不好意思地低下了头。

有时,徐悲鸿也到镇上的茶馆去听人说书,挤在那些皮肤黝黑的善良的劳动者中,闻着劣等烟草的辛辣气味,全神贯注地听老艺人绘声绘色地讲《水浒》《岳飞传》《三国演义》等。听到动人的地方,他也模仿着成年人的样子摇头叹息。

戏中和书中的英雄人物带着鲜明的爱憎,印在徐悲鸿的心中,强烈地影响着他性格的成长。

徐悲鸿常常怀着激动而崇敬的心情,将戏中的英雄人物默画出来,用剪刀剪下,贴在竹竿上,举着它们在镇上跑来跑去。成群的孩子尾随在后面,用羡慕的眼光看着他,大家都求徐悲鸿也给他们画一个。

有时候,徐悲鸿还把小伙伴们叫到一起,上山砍些竹子,做成刀枪棍棒,练习武术。他们每天黎明即起,先绕村子跑两圈。不论酷暑严寒都跳到河里去洗澡。

徐悲鸿坚持锻炼身体和意志，幻想有一天，能成为路见不平、拔刀相助的侠客，就像戏中和书中的英雄人物那样。他自己还精心刻了一方"江南贫侠"的图章。

那时，农村没有照相馆，人死了以后，较为富裕的人家都要请一位画师替死者画遗像，以供后人祭祖和怀念。每当徐达章被人请去画这种遗像时，徐悲鸿便和小伙伴们在家里将桌椅搭成戏台，演起戏来。

有时模仿他们看过的戏，有时结合听到的故事，自编自演。善良的母亲和邻居偶尔也兴致勃勃地来看他们演戏，但徐达章是个勤奋而严肃的人，决不能让他知道。每次演戏，总有一个孩子负责在村外瞭望，如果发现徐达章回来了，便飞快地跑回报信，戏台就会奇迹般地在几分钟内消失，孩子们都纷纷跑到河里去洗掉脸上化妆的颜料。

不料有一次，在村外瞭望的孩子靠着树墩睡着了。当戏台上的孩子们正玩得起劲的时候，徐达章突然出现在台下。

小悲鸿和小伙伴们不知所措，全都躲到大人的身后去，等待一场责骂。可是，一向严肃的父亲并没有责备他们，他只是叹息了一声，就走到舞台边，收起用来化妆的颜料。孩子们见状，都悄悄地跑回家，只有徐悲鸿还呆呆地立在那里。

徐达章走到儿子面前，抚着他的头沉重地说："我们家很穷，买这些颜料不容易啊！"

父亲这句话，像一记重鞭，抽打在徐悲鸿幼小的心上。

徐悲鸿后悔极了。他望着父亲那瘦削的脸庞，泪水再也无法止住，像断线的珠子一样落了下来。他扑到父亲怀里，伤心地哭个不停。

从那以后，徐悲鸿再也不演戏了。

每当收获季节到来的时候，为了防止刺猬偷瓜，徐悲鸿带根棍子，睡在瓜田里守护。月亮从云朵里钻出来，又钻进去，好像在和闪烁的星星捉迷藏。此时，徐悲鸿的思想也在向天空飞翔，那些美丽的神话故事都一一在他眼前展现。

太阳初升，当徐悲鸿从睡眼惺忪中醒来时，那些诱人的西瓜都已被装上了门前河里的货船，堆积得如同小丘一般。船儿扯起满满的帆，扬波而去。直至帆船走远了，变成一个小黑点，消失在远处，徐悲鸿才怅然若失地回到家里。

徐悲鸿的母亲是一位勤劳善良的农村妇女。她不识字，也不懂更多的道理。她笃信神明，供奉神像。每有解不开的事情，她都长久地跪在地上，祈求神的保佑和安慰。

遇到斋戒的日子，她总是换上新浆洗过的衣服，穿上一双保存了很久、平时舍不得换穿的绣花鞋，领着徐悲鸿，登上葱葱郁郁的南山，到寺庙里烧香拜佛。

一路上，他们看见络绎不绝的善男信女挂着香袋，有些人还穿着草鞋，踽踽而行。母亲脸上显出异常庄重的神情，跟随进香的人流一步一步地攀登，终于在万绿丛中，看见那森严气派的庙宇。

在森严气派的殿堂里，母亲小心翼翼地点上香，跪在威严高大的神像前，双目紧闭，嘴里发出喃喃的声音，虔诚地祈祷。她在为丈夫，为儿女祈求平安，祈求温饱。她那瘦小的身子匍匐在地上，不停地颤抖着。

徐悲鸿仰视着那闭目沉思的神像，迷惑地望着神像唇边浮起的一丝微笑。他多么幻想真有一个美好的天国，那里没有贫穷，没有灾难，人们无比快乐。

他想起隔壁的那位老奶奶，常常因为没有米下锅而流泪，而母亲便从自己所剩无几的米箩里舀些米给她……

寺庙的钟声打破了他的幻想，徐悲鸿又回到现实中。看到那些贫苦的求神者，他的心中涌起一丝悲意。他怎么也不明白，人世间为什么有贫穷、有富贵？劳动的人为什么没饭吃？养蚕的人为什么没衣穿？

但是，孩子的悲伤是短暂的，欢乐永远占据着童心。

一回到镇上，徐悲鸿又和小伙伴们尽情地追逐嬉戏或捉迷藏了。有时，在豆棚瓜架下，他依偎在母亲怀里，听着那些在长辈口中永远也说不完的民间传说和神话故事。

梁山伯和祝英台的坟墓就在宜兴，那些美丽的、飞来飞去的蝴蝶，哪一对是他们呢？除三害的周处斩蛟的蛟桥也在宜兴，父亲还带着徐悲鸿从那座蛟桥上走过，桥下有苏东坡亲笔题写的"晋征西将军周孝侯斩蛟之桥"的石碑。

还有关于范蠡与西施的美丽传说。那范蠡帮助越王勾践灭吴后，知道越王是个只能共患难、不能共安乐的人，便悄悄地带着西施，深夜乘了一条小船，秘密地离开吴都，逃往宜兴。在无以为生之际，偶然发现了宜兴的紫色陶土可以制陶，后来他就成为宜兴紫砂陶器的祖师，许多制陶工人都供奉他的画像。

每次，听着听着，徐悲鸿便在母亲怀里沉沉地睡去。和母亲的柔和相反，父亲永远是最严格的教师。不论盛夏隆冬，他每天都严格地监督徐悲鸿读书、写字、作画，即使在农忙季节，也从未懈怠。

经过刻苦学习，徐悲鸿的画有了很大进步，刚刚10岁的时候，就能帮着父亲作画了。他学会了使用颜色，常常在父亲的画上不重要的部分填色。而他的书法也在当地出了名。

每到春节，亲朋好友和街坊四邻都前来请他写春联，小悲鸿总是热心相助。他个矮够不着桌子，就站在板凳上，挥着大大的毛笔，尽情书写各种对联。

那苍劲的笔力，雄浑的字体，令许多人叹服，乡亲们都自豪地称他是"屺亭桥的小才子"，是一位"小神童"。

与父亲流浪卖画

随着封建王朝的日益腐败和帝国主义的加紧入侵,中国人民陷入了更深重的苦难,徐悲鸿全家的生活也越来越艰难了。徐达章无奈,流着眼泪卖掉了两亩瓜田。虽然暂时渡过了难关,使嗷嗷待哺的弟妹幸免于饥饿,但以后怎么办?

徐达章走村串巷,为人写条幅、画牌匾,挣些零用钱用以维持生计。有时,他也为死者画遗像和棺材。一直干到日落西山,他才拖着疲惫的身子回到家里。

可是,徐达章的日益奔波劳作,并没有使全家摆脱贫困。一家人常常是吃了上顿没下顿,母亲望着空空的米篓暗暗流泪。

面对生活的窘境,年少的悲鸿过早地成熟了,他不止一次地想:我都长大了,能帮父亲做些什么呢?只能是帮这个家做些力所能及的事,替母亲干些家务活,以维持这个日益窘迫的家了。

自己的家庭日益贫困,自己根本就上不起学。唯有更加努力地学画,这样最起码也可以像父亲那样偶尔出去为人画一画遗像什么的,补贴家用。

徐悲鸿的画进步很快,他经常独立构思一些草图,让父亲指导。父亲望着悲鸿的画沉思着,他好像预感到儿子会超过他,成为一个出色的画家。

徐悲鸿喜欢画马,以至于到了忘我的程度。为了把马画得逼真、出神,他常常在马厩里一蹲就是几个小时,直至母亲喊了几遍,才一步三回头地回家吃饭。

有时,为了画好奔跑的马,他跟在奔跑的马匹或马车后面,一跑就是几里地。

　　有一天，他只顾观看奔跑中的马，竟忘记了脚下高低不平的路，一下子跌倒了，重重地摔了一跤，手和腿都磨掉了一层皮，鼻血流到了衣服上，可他一声没哭，爬起来继续追赶跑远了的马。

　　徐悲鸿画马已到了出神入化的境地。他在睡觉的地方，挂上了各式各样自己画的马：奔跑的马、吃草的马、睡觉的马、饮水的马、单马、双马、群马等。在他的笔下，马有了生命，有了感情。很多乡邻都求他画马，他从不拒绝别人。

　　除此之外，悲鸿还画其他动物，如牛、虎等。有一次，父亲拿起他画的一幅老虎，赞赏道："不错，已经超过我了。颜料钱没白花。"

　　父亲的话，使徐悲鸿想起了小时候画虎的事，让他感觉到格外的高兴。

　　雨季来临了。豆大的雨点倾泻而下，砸在地上，砸在屋顶，砸在人们的心头。轰隆隆的雷声在半空炸响，道道闪电划破漫长的黑夜。屺亭桥镇的人们，冒雨到神庙里祈祷，希望老天爷再也不要下雨了，还人间一个晴朗的天空。然而，苍天拒绝了人们的祈祷。

　　奔腾而混浊的河水终于冲出了河岸，发怒似的涌到墙角边、窗户上、屋檐上，屺亭桥镇被淹没在一片汪洋大水中。人们扶老携幼地逃奔到远方去。

　　然而，当洪水退去，人们再回到屺亭桥镇时，饥饿和寒冷又在威胁着他们。徐达章想继续在镇上卖画是完全不可能了，人们已请不起人画像、写匾了。

　　徐达章几乎到了失业的地步，整天待在家里，望着露天的草棚唉声叹气。无力的母亲除了流泪，还能做些什么呢？

　　生活的无奈，使得徐达章不得不作外出谋生的决定。这一年，徐悲鸿刚满13岁，便和父亲开始了流浪江湖的卖画生涯。

　　他们沿着太湖走去。美丽的太湖像一位少女，吸引着多情的人们。远远望去，碧波万顷，水天相连，晨雾缭绕，白帆点点，恰似一幅人工点缀的山水画，让人赞叹不已，流连忘返。

太湖一带原是鱼米之乡，但由于天灾人祸，也和其他地方一样，富者越富，贫者越贫了。徐悲鸿和父亲沿途给人画肖像、山水、花卉、动物屏条，刻图章、写春联等，有时住在淳朴的农民家里，有时住在小客店或寺庙里。

在乡村揽活越来越难，徐悲鸿和父亲只好到无锡去寻找出路。不久，他们来到了太湖之滨的无锡。

无锡是一座繁华的城市。自从清王朝和八国联军签订不平等条约以后，无锡就成了对外门户之一，中外商家云集于此，使得这座江南小城更加受人青睐。

徐悲鸿和父亲到了陌生的无锡，他们看到商店里摆满了五光十色的洋货。从日用品的瓷器和丝绸，从儿童玩具到火柴、灯油，无一不是外来品。

老板给它们贴上"价廉物美"的广告，招徕顾客。悲鸿在这里看到了关税不能自主、外国商品倾销和帝国主义抢夺市场的缩影。而威风凛凛的衙门，却在狰狞地看着成群的衣衫褴褛的乞丐。

这天，徐悲鸿随父亲徐达章穿过闹市稠密的人流，转入一条较为僻静的小街，找到一家小客店落脚。

一对卖唱的父女尾随他们，走了进来。姑娘梳着一条乌黑闪亮的发辫，苍白的面庞，眉清目秀，一对水汪汪的眼睛闪着哀怨的光芒。姑娘的父亲穿一件褪了色的蓝布袍，腋下夹一把胡琴，风尘满面，两鬓如霜。

他双手抱拳，打了一个拱，向小客店的旅人们说："诸位贵客，感谢你们的赏光，小女为你们演唱一首江南小调，望有钱的捧个钱场，没钱的捧个人场，谢谢！"

于是，那悠悠扬扬的琴声便在这寂寞的小客店里飘荡起来。姑娘唱起了江南民歌中抒情的小调：

> 月亮弯弯影儿长，
> 流浪的人儿想家乡。
> 村前池水鱼儿乐，
> 屋后瓜架豆花香。
> 天上云多月不明，
> 地上山多路不平。
> 流浪的人儿想家乡，
> 哎，家乡的山水亲又亲。

那歌声和琴声十分凄婉，扣人心弦，撩起了旅人们怀乡的情思。悲鸿也仿佛回到了故乡门前的河边，那远去的帆影，雪白的浪花，小屋后面桑树的清香，临别时母亲的叮咛细语，都像梦一样来到了他心里。

唱到一个拖长的音节之后，琴声戛然止住了。姑娘请求施舍的目光从每一个旅客的脸上匆匆地移过去，又移过来。徐悲鸿从父亲手里接过一角小洋，送到姑娘手里，风尘仆仆的旅客们也在摸索瘪瘪的钱袋，将一两个小钱递过去。

徐悲鸿和父亲奔走于无锡的街头巷尾，写字卖画，风餐露宿，饱尝了人间的艰辛。

有一天，当悲鸿和父亲卖完了画，迎着傍晚的烟霞，走回旅店时，瞥见一家茶馆门前簇拥着一群人。徐悲鸿也挤了进去，看见一个年轻妇女坐在台阶上嘤嘤哭泣。

听围观的人们议论才知道，这是个新近死了丈夫、又被夺了田的无依无靠的妇女。她在城门附近搭了一个窝棚，靠卖茶水勉强维持生活。

不料，一家茶馆老板的儿子却带领一班恶少，纵火焚烧了她的窝棚。这个年轻妇女一面哭泣，一面用手掌不停地揩抹脸上的泪水。她怀抱中的婴儿睁着明亮的大眼睛看着周围的人们，不时伸出小手抓弄母亲蓬乱的头发。

一种强烈的不平使悲鸿勇敢地，几乎是冲动地走进了这家茶馆，徐达章也跟了进去。他们想劝说茶馆老板发发善心，给予赔偿。肥头大耳、油光满面的老板最初是眯细着眼睛瞧着他们，貌似听着，继而狞笑起来，最后破口大骂，抓起一只茶杯朝徐悲鸿扔过来。

茶杯打在徐悲鸿头上，鲜血从浓密的黑发里涌出来。从此，他头上留下了一块深深的伤痕。

一天，他们来到了一所公馆，为那家的老太爷画像。徐达章小心翼翼地走进朱红色的大门，来到堂屋，只见一位尖嘴猴腮的老头气喘吁吁地躺在躺椅上，阴阳怪气地说："穷画画的，给我画一张全身的，画不好，我可不给你钱。"

徐悲鸿气得双拳紧握，真恨不得一拳把他打倒在地。

出了朱漆门楼，徐悲鸿头也不回地跑回住地。他真想大喊一声："我恨这个世界！"

在这些残酷而痛苦的现实面前，徐悲鸿的心也渐渐成熟起来。江湖卖艺的生涯使徐悲鸿不断地接触下层社会和劳动人民，不仅使他了解和同情人民的苦难，而且使他知道了许多国家大事。特别是辛亥革命的爆发，激发了他心中的许多美好设想。

这一切都以浓重的阴影，投到徐悲鸿年轻的心上。他开始忧国忧民，并在他精心描绘的画面上署名"神州少年"，同时盖上一方"江南贫侠"的印章。

徐悲鸿更加发愤地练画，学习父亲的笔法，从父亲那里接受了许多中国传统的绘画艺术，逐渐形成了自己独树一帜的风格。

他注意观察身边的事物，收集各种烟盒封面，摹写上面的各种动物。在书店里，他看到了欧洲19世纪绘画大师们作品的复制品，这些都给他以莫大的启迪。

他幻想有一天，自己也到那遥远的地方去看一看，亲聆艺术大师的指教。

流浪的岁月年复一年地在风雨中消逝。徐悲鸿经常为父亲磨墨铺纸，看父亲落笔挥毫，听父亲不知疲倦地说古论今。在潜移默化中，他不断地接受着中国传统绘画艺术的熏陶。他不仅成为父亲有力的助手，而且开始摸索创造自己的风格。

当时的强盗牌香烟盒中，附有逼真的动物画片，徐悲鸿很爱收集，渐渐认识了各种猛兽的真形。后来，又得到日本的动物标本，他便爱不释手地对着标本摹写。

日子一天天过去了。漂泊的流浪生活，终于使父亲体力不支，染上了重病。徐悲鸿求助无门，欲哭无泪。徐悲鸿寸步不离地护理着病榻上的父亲，请医生，跑药店，为父亲买些可口的饭菜，自己却饿着肚子，以水充饥。

在徐悲鸿的精心看护下，父亲脱离了危险，能下床行动了，徐悲鸿便搀扶着父亲，踏上了归乡的路程。

担负家庭的重担

经过艰苦的跋涉，徐悲鸿和父亲回到了离别3年的故乡屺亭桥镇。家乡的山，依然是那么绿；家乡的水，依然是那么清。

在流浪的日子里，徐悲鸿曾见过多少高楼大厦、楼台亭阁，但在悲鸿眼中，它们远没有屺亭桥畔的那所小屋可爱。

现在，他远远地就望见那所小屋了，屋顶上正升起一缕袅袅的炊烟，他知道这是辛勤的母亲在做晚饭了。他将立刻见到母亲，见到这个经常萦绕在他梦中的家。他有多少话要对母亲说啊！

当徐悲鸿搀扶着全身浮肿、步履艰难的父亲走进家门时，母亲骇异地从厨房里奔出来。她朝着丈夫，睁大眼睛，似乎在看一个陌生的人，眼泪从她那苍白的面颊上滚滚流下。她一句话也没有说，便双手捂着脸，失声痛哭起来。

父亲的身体一天比一天衰弱，已没有能力外出画画维持生计了。生活陷入前所未有的困苦之中，母亲整天以泪洗面。从此，17岁的悲鸿，独自挑起了全家的生活重担。

宜兴县城离屺亭桥镇10多公里，县里的初级女子师范、思齐小学、彭城中学，都仰慕徐悲鸿的绘画、书法，相继发出聘书，邀请他去担任图画课教师。为了多挣一些钱，徐悲鸿同时接受了3个学校的聘请，开始了教师生涯。

这三所学校并不在同一个地方。东一所，西一所，三校之间的距离有20多公里。

在舟楫如梭的江南水乡，坐船既方便，也便宜，但是为了节省钱替父亲医病，徐悲鸿全靠步行。他常常午夜起床赶路，看着银色的月亮落下去，迎来冉冉上升的红日。

　　当他那壮健的脚步迅速地穿越洒满露水的田间小径时，他的心却由于挂念父亲的病而异常沉重。这些朦胧的月色和他童年牧牛生活的回忆，后来都带着真挚的感情，反复出现在他的画卷里。

　　教授图画课，既增加了徐悲鸿的绘画知识，也提高了他的创作水平，与学生在一起的快乐，更使他暂时忘记了生活的困苦。为了提高学生的绘画能力，悲鸿领着他们到外面去写生。

　　学生们欢快地走在乡间小路上，感受着大自然的美丽，陶冶了情操，体验了生活，绘画水平得到很大提高，师生感情也在教与学中产生、发展。

　　然而，父亲的病总也不见好转。徐达章一天比一天衰弱了。为了摆脱家庭的贫困，他吃力地移动脚步，沉重地喘着气，执拗地伸出瑟瑟发颤的手，想重新拿起画笔来。但是，他的努力是徒然的，他犹如即将燃尽的油灯，纵然还能发出微弱的光芒，但生命的火焰已行将熄灭了。

　　为了尽快医好父亲的病，为了多给父亲买两服好药，母亲卖掉了家里一切可以变卖的东西。

　　徐悲鸿和家人已经几年没有穿过新衣服了，虽然他到学校上课，挣了一点钱，可他从不乱花一分，从不为自己买点什么。他知道父亲的病痛，母亲的艰苦，他知道家里的生活全指望他一个人了。他努力工作着，为了这个家，他忍受了一切难以忍受的艰辛。

　　但是，有一天，当悲鸿应邀去参加一位乡亲的婚礼时，母亲却拿出一个纸包。

　　"打开看看。"母亲慈祥地望着他。

　　徐悲鸿打开一看，原来是一件未曾漂染过的绸衫。他不由得愣住了。

　　母亲像披露一个重大的秘密似的，低声对徐悲鸿说："我没有出嫁的时候就养蚕，我自己没有穿过绸衣，我们家里也没有人穿过绸衣。但我有一个心愿：要给我的头生子缝件绸衫，这个心愿在你们没有回来以前就实现了。"

母亲一面轻声说着，一面双手抖开那件未曾漂染过的绸衫。这是她亲手缝制的。她那苍白的面容因兴奋而泛红，温顺的眼睛里浮现出一丝胆怯的微笑。悲鸿惊愕地望着母亲，他从未见到母亲有过如此美丽而幸福的光彩。

"妈妈，把它卖掉给父亲医病吧！"徐悲鸿看着这件新的绸衫，低声对母亲说道。

母亲的脸色在一瞬间变得暗淡无光了，摇着头坚定地说道："卖掉？决不！我总是想着，总是想着，有一天，看见你穿上它……"

徐悲鸿不再坚持了，他终于顺从地穿上了绸衫，去参加乡亲的婚礼。

绸衫裁剪得十分合身，显然是母亲精心制作的。人们也看到眉目清秀的徐悲鸿比任何时候都显得英俊。母亲笑得合不拢嘴，围着悲鸿转了好几圈。

然而，生活总是会异常残酷地戏弄善良的人。

徐悲鸿在婚宴上，在别人的幸福和欢乐中，由于深深地系念父亲的重病而痛苦地陷入沉思时，邻座一位老人的烟火掉在他的绸衫上。然而，他丝毫没有发觉，直至绸衫冒出了烟，一种烧焦了的丝绸气味扑鼻而来，他才恍如从梦境中惊醒一般，慌忙伸手扑灭，但崭新的绸衫已被烧破了一个洞。

徐悲鸿极其懊丧地回到家里，感到愧对母亲！这件事情在他的心中留下了不可磨灭的疤痕，以至于他从此以后，发誓不穿绸衣，不吸香烟。虽然，他成为名画家以后，常有学生和朋友送给他绸衣，但他从未穿过。即使在南方酷热的夏季，他也只穿夏布衫。

徐悲鸿的父亲久病不愈，人瘦得枯柴一般。

父亲在病榻上躺了两年，终于耗尽了生命。弥留之际，他哆哆嗦嗦地用瘦骨嶙峋的手拉着徐悲鸿的手说："我们是两代画家了，后来居上，你应当赶上和超过我，超过我们的先辈……要记住，业精于勤。生活再苦，也要发愤图强，也不能对权贵折腰……"

父亲的话淹没在一片喘息中，眼睛一直望着徐悲鸿，直至渐渐地停止了呼吸。

徐悲鸿跪下来，面颊贴着床沿，号啕痛哭。母亲和弟妹们也哀声啼哭，整个小屋沉陷在一片凄惨的悲痛之中。

辛劳了一生的父亲，带着疲惫，带着对旧社会的愤恨离去了。徐悲鸿忍着悲痛，为父亲擦洗了身子，换上了一套新衣服。父亲安详地躺在灵床上，好像是睡着了，永远地睡着了。

悲鸿凝视着父亲，许多往事像潮水般向他涌来。

父亲教他读《诗经》《左传》，给他讲其中的道理；父亲第一次教他作画时，父亲手把手地教他怎样拿笔、调色；流浪的日子里，父亲总是从自己微薄的收入中，拿出一些钱来周济乞讨的穷人；吃饭时，父子两人总是互相推让着，父亲抢着把那分量不多的菜都倒在悲鸿的饭碗里；他也记起，有一次，他将房子画歪了，父亲很认真地说："这样的房子是不能住人的啊！"躺在病榻上，父亲还念念不忘嘱托他勤奋作画。

所有的这一幕又一幕的往事，像放电影一样在徐悲鸿的脑海中一一闪过。在泪水朦胧中，徐悲鸿好像看见父亲在向他微笑。

父亲是一位伟大的父亲，不仅给了他生命、知识、绘画技能，而且以他那宽厚、谦让、勤俭、正直的品格深深地影响他。

父亲不但关心、爱护他，教他知识、绘画技能，还教他如何做一个正直的人。有了缺点，父亲会毫不留情地严厉批评他；有了进步，父亲会掩饰不住内心的喜悦，不断地鼓励他。他多么希望能再听到父亲的谆谆教诲啊！然而，父亲却在人生的盛年，抛下妻子儿女，永远地走了。

为了埋葬父亲，徐悲鸿不得不写信向一位长者、在邻县保阳经营药材的小商陶留芬先生告贷。他含泪在信中写道：

父亲不幸病故，家里负债累累。因此，我想向您先筹借20元，以渡难关。我是不会忘记您的恩德的，以后会永远报答您的。

陶先生不但将借款送来，而且亲自帮忙安排丧事和参加葬礼。

父亲离去了，徐悲鸿心烦意乱，忧伤之极。他感到迷茫，不知自己究竟该怎么办。经过长久的思索，他决定离开家门，到上海去寻找半工半读的机会。

徐悲鸿写信给在上海中国公学担任教授的同乡徐子明先生，并将自己的作品寄去，恳求他的帮助。热心的徐子明先生将徐悲鸿的作品送给上海复旦大学李校长看，受到李校长的赞赏，并得到可以安排工作的许诺。于是，徐子明先生来信催促徐悲鸿立即去上海。

徐悲鸿立即整备行装，并辞去了3个学校的教职。临行时，一位国文教师、宜兴初级女子师范的张祖芬殷勤地送别，并勉励他说："你正当英年，且才华无量，到外面去闯闯吧，一定会大有前途的。我希望你记住两句话：人不可有傲气，但不能无傲骨。我没有什么东西可以送你，就送你这两句嘉言吧！"

这位老师的话，使徐悲鸿激动不已。他望着比他年长许多的老朋友，心底涌起了一股热流。徐悲鸿把张先生的话牢牢地记在心中。

从那时起，他终生铭记着这两句临别赠言，并将它作为座右铭。

直至晚年，他在《悲鸿自述》中深情地写道："在我的一生中，张祖芬先生可以称得上是我的第一位知己！"

就这样，徐悲鸿辞别了母亲和弟妹，辞别了同事和朋友，开始了他的上海之行。

只身在上海漂泊

徐悲鸿是个有理想的人，为了求得更大的进步，他辞别家人来到上海。

1915年的夏天，20岁的悲鸿穿着一件蓝布长袍和一双戴孝的白布鞋，带着家乡泥土的气息，来到了不夜之城上海。

高耸入云的大楼、五光十色的店铺、虎视眈眈的衙门、守卫森严的外国洋行、灯红酒绿的舞厅和赌场等，都把这个半封建半殖民地的东方大城市点缀得花花绿绿。

然而，繁华的背后却都隐藏着另一面：租界戒备森严，"华人与狗不得入内"的牌子赫然立在街头；由于失业而陷于饥饿的人们，乞讨为生。面对酒醉金迷的大上海，徐悲鸿感到茫然。

徐悲鸿按照信封上的地址，找到了他的同乡中国公学的教员徐子明的住所。徐先生热情地接待了他，并安排了住处，晚上请他吃了顿便饭。

第二天，徐先生领着徐悲鸿去见复旦大学校长。一路上，徐悲鸿的面容紧张而严肃，只顾低头走路，很少和身边这位愉快的朋友谈话。此刻，徐悲鸿正在算计如何安排业余时间继续学画。他满怀欣喜之情，在向未来眺望。徐子明比悲鸿年长很多，并且身材高大，而他身旁的、营养不良的徐悲鸿，便显得更加瘦小了。

在校长办公室里，徐悲鸿见到了这位严格的校长。李登辉校长朝这个农村装束的青年注视了很久，脸上现出迷惘的神情。

李校长把徐子明拉到另外一间屋子里，他们谈话的声音虽然不高，但还是通过虚掩的门，让徐悲鸿听得清清楚楚："画还说得过去，可看上去他简直像个毛孩子。哎！实难安排。"

徐子明热烈地争辩说："只要他有才艺，你何必计较他的年龄呀！况且，"徐子明大声地说，"他是辞去了三个学校的教职而来的呀！"

"不好办呀！徐先生。"李校长两手一摊，耸了耸肩膀。

听着李校长与徐子明的谈话，仿佛被浇灌了一盆凉水，徐悲鸿的心逐渐冰凉了下来。

徐悲鸿和徐先生闷闷不乐地走出复旦大学。

不久，徐子明接受了北京大学的聘请，离开了上海。徐悲鸿几次写信给李登辉，都得不到回答。于是，徐悲鸿流落在上海，找不到职业。

烦闷而炎热的夏季在焦虑中过去了。为了消磨时间，徐悲鸿常去商务印书馆门市部站读。夜晚，他在旅店的昏暗灯光下，忧郁地怀念着家乡，思念母亲和弟妹。

正在彷徨无计时，忽然接到徐子明先生从北京寄来的信，他虽然已经去了北大任教，但是他依旧还惦记着徐悲鸿。他在信中嘱咐徐悲鸿如果复旦大学不行，就去见商务印书馆《小说月报》的编辑恽铁樵先生，请他帮忙谋个小职。

徐悲鸿捏着这封信，激动不已。他连忙来到在商务印书馆干发行工作的宜兴同乡黄警顽处，请他帮忙和恽铁樵联系。

黄警顽是个乐于助人的热心人。他看完信以后，立刻给恽铁樵挂了电话。徐悲鸿站在一旁也听到了电话里的回答："请他明日上班前到编辑部会客室来一趟，我在那里等他。"

第二天，徐悲鸿起了个大早，一路走，一路注意看路边商店里的座钟。来到宝山路时，他见还不到约定的时间，就在街上溜达了一会儿，然后才走进《小说月报》编辑部会客室。

恽铁樵打着哈哈，先是看信，后是看画——徐悲鸿腋下夹着的那卷纸。边看边说："我看嘛，画得蛮好，画插图绰绰有余，商务出教科书也需要插图。你不妨再画几张插图来,我请国文部主持人看看。"徐悲鸿满心欢喜,鞠躬告辞。

回到旅馆,徐悲鸿摊开纸,构思插图画。他早起晚睡,夜以继日地画插图。画几幅插图,对自幼就在家乡学画、苦心钻研多年的徐悲鸿来说,不是什么难事。但事关自己前程,他画得格外认真,直至自己满意为止。

两天时间,他就把插图画好了,为了保险起见,他先把插图拿给黄警顽看,征求意见。

黄警顽不懂画,但看了之后,也觉得不错。徐悲鸿画的是故事插图,人物栩栩如生,动物情趣盎然,情节生动,观赏性强。

然而,黄警顽拿起画说:"不是我给你泼冷水,现在的社会,光凭本事不行,最重要的是有没有人捧场。有些人纯粹是势利眼,看人行事。如果有钱,白痴也能当差;如果没钱,即使有天大的本事,也很难在上海找到事情做。"

悲鸿不相信他的话,仍然满怀希望地来到《小说月报》编辑部。

恽铁樵和另外一个人在屋里。他打开悲鸿画的插图,惊喜地说:"妙!妙!你的人物画和动物画,比我以往见到的同类画都要好。看来没问题,我再拿到国文部给主持人看看,过几天就会告诉你结果的。"

徐悲鸿高兴得跳起来,立刻跑到商务印书馆发行所,把这一好消息告诉了黄警顽,随后,他又回到住处,给母亲写了一封长信,报告这一喜讯。

这之后,徐悲鸿每天都盼着能收到录取的通知。可是一天又一天,一个星期又一个星期过去了,他出门时带的一点钱花光了,录用的事情依然杳无音信,徐悲鸿急得搓着手掌,走进走出。他实在耐不住了,决定亲自去问问情况。

徐悲鸿急匆匆走进《小说月报》编辑部。恽铁樵脸色木然,口气

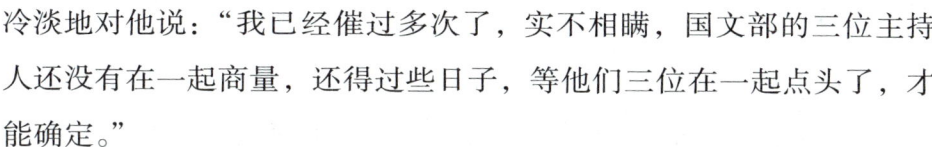

冷淡地对他说:"我已经催过多次了,实不相瞒,国文部的三位主持人还没有在一起商量,还得过些日子,等他们三位在一起点头了,才能确定。"

徐悲鸿不知怎么出的编辑部大门,他茫然地向前走着。

秋风瑟瑟,连日阴雨,徐悲鸿的钱已花光了,还欠旅店4天的住宿费,怎么办呢?他来到当铺,脱掉身上唯一能当的竹布长衫,举到柜台上。

这已经是他第三次来当东西了。老板板着面孔,斜了他一眼,又看了看长衫,不屑一顾地说:"破烂不堪的竹布长衫一件,当价40铜子!"

这是母亲亲手缝制的长衫,刚穿了几次,怎么会是破烂不堪呢?这明明是在欺负人。徐悲鸿怒火中烧,真想给那胖家伙一拳。可他忍住气,咬着牙说:"当!"便抓起钱和当票飞快地离开了那当铺。

徐悲鸿耷拉着脑袋走回住处。他刚要在床上坐下,小旅馆的老板娘就推门进来说:"徐先生,我可是小本经营,都像你这样拖欠房钱,我一家人,可拿啥填饱肚皮啊!"

徐悲鸿抱歉地向她说明自己还没找到工作,就把行李作为抵押吧!

徐悲鸿站在十字街头,无处可去。他不明白,自己的命为什么这么苦。恽铁樵匆匆地找到他,递给他一个纸包,神色黯然地说:"没有希望了,真是抱歉得很。"说完,头也不回地走了。

徐悲鸿接过纸包,急忙打开,只见里面除了自己的画以外,还附有一个名叫庄俞的人的批札:"徐悲鸿的画不合用。"

徐悲鸿感到全身震颤,心中充满了愤怒和悲哀。他绝望了,他感到这个花花世界已容不下他了。这时,天空下起了大雨,轰隆隆的雷声一阵阵响过。

徐悲鸿吃力地来到商务印书馆发行部,见到了还在忙忙碌碌的黄警顽。徐悲鸿强打精神说:"《小说月报》已彻底回绝了我,我已没什么出路了。再见吧!"他依依不舍地走出了店堂。

徐悲鸿径直走到黄浦江边,看到江面上行驶着的一艘艘外国轮船,正肆无忌惮地拉着汽笛。

沦落上海的苦闷,找不到职业的烦恼,饥寒交迫的痛苦,已经把徐悲鸿折磨得精疲力竭,而这一次,突然降临的希望又这样突然地破灭,使这个血气方刚的青年再也忍受不了。他濒于绝望,准备在这滚滚不息的黄浦江里结束自己年轻的生命!

江水冲击着堤坝,一浪高过一浪。无情的风雨打在他的身上,使他感到一阵阵战栗,他好像突然被惊醒了。他想起了父亲临终时的教导,想起了自己的责任和曾经有过的壮志,也想起了母亲和弟妹。

他低声对自己说:"一个人到了山穷水尽的地步而能够自拔,才不算懦弱!"

黄警顽原本忙着活,徐悲鸿来说话时,他只是嗯嗯答了两声,以为他是想家人,要回宜兴乡下看看,也没特别注意,准备待会儿再说。不想,徐悲鸿恋恋不舍地走了。

这时,他的脑海里出现了刚才徐悲鸿说话、走动的神态,想到其找不到工作的困境,不由得打了一个寒战,他警觉起来:"会不会想不开?"

他失声叫道:"不好了!"扔下了手中的活计,抬腿就往外跑。黄警顽冒着大雨寻找徐悲鸿。他找了一个地方,又找了另一个地方,最终在新关码头附近找到了徐悲鸿。

徐悲鸿随着黄警顽离开了黄浦江畔,走向大街,汇入人流。黄警顽紧紧地挽住他的一只胳膊,仿佛怕他挣脱逃开似的。殊不知,徐悲鸿并没有心灰意冷,他经过一番激烈斗争,已暗下决心:"绝不向命运屈服,一定要奋斗下去!灾难深重的祖国不需要懦夫,而需要俊杰。"

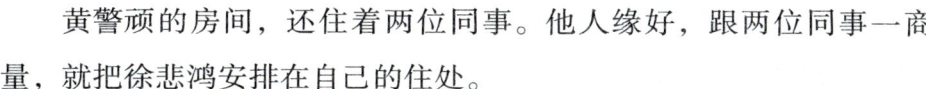

黄警顽的房间，还住着两位同事。他人缘好，跟两位同事一商量，就把徐悲鸿安排在自己的住处。

白天，徐悲鸿到发行所的店堂里看书；晚上，他俩合睡在一张床铺上，盖一条薄被子。中午，徐悲鸿就到发行楼上的食堂吃饭，早晨和晚上，黄警顽每天给他一角钱，叫他在街上随便买点东西吃。

商务印书馆的发行所里，有大量的书籍。徐悲鸿不但看了所有的美术书籍，而且还通读了文学名著及名人传记，如《大彼得》《哥伦布》《富兰克林》《林肯》《班超》《忏悔录》等。这些书使他对中外文学有了概括的认识和了解。他对书产生了浓厚的兴趣，常常一读就是一天，忘记了吃饭。

徐悲鸿尤其喜欢名人传记。他从名人的奋斗、实践中悟出了一条道理：天下无难事，只要肯奋斗！

他欣赏卢梭的勇敢精神，发誓要像卢梭那样，不向贫困低头，不向邪恶屈服，自强不息，直面人生，为中国人争气。

他想："卢梭14岁就被迫外出谋生，历尽艰难而成事业。我都是20岁的人了，岂能遇到一点挫折就止步不前？！只有奔驰向前才有出路啊！"

徐悲鸿一边读书，一边寻找成功的机会。一天晚上，他对坐在床边的黄警顽说："这样下去不是办法，我也着急，你看哪里需要画画的，不妨再试试。"

黄警顽想了想，猛地一拍脑袋："对了，现在上海正在提倡拳术，许多人都在学'谭腿'，可是却缺少像学习西洋体操时用的那种挂图。凭着你的绘画本领，画这么一套挂图，一定会受人欢迎，也会有人买。"

徐悲鸿心中一喜："那好，我明天就动笔。"

黄警顽又说："为了保险起见，我去找一下中华图书馆经理叶九如先生，看他能否给出版发行。"

黄警顽是发行所里有名的交际人物，外号叫"交际博士"。上海各行各业都有他的熟人。

第二天，黄警顽找到叶九如先生，建议他出版一套《谭腿图说》的体育挂图，还自告奋勇地说，能找到一个非常好的人来画，并把徐悲鸿的画拿给他看。

叶九如开始比较犹豫，但经不住黄警顽的劝说，也就满口答应了。

"好，你就让他画吧！最好快一点交给我。"叶九如爽快地说。

事情很快决定了下来。于是，每天下班后，黄警顽举手抬脚，装模作样摆出架势，徐悲鸿则手不停笔，勾画草稿，然后再修改，作画。

半个月后，一套挂图全画好了。叶九如一看，立即赞道："不落俗套，颇有新意，可以算得上是蛮好的艺术品，不学'谭腿'的人，也乐意欣赏。"

这套挂图交后不久，叶九如先生就履行了他的诺言，使之很快出版发行了，并付给徐悲鸿30块大洋。这是徐悲鸿有生以来出售绘画的第一笔巨额收入。

这次绘画的成功，给徐悲鸿以极大的鼓舞。他更加勤奋作画了。

这期间，徐悲鸿一幅接一幅地画了很多钟馗像。画中的钟馗，姿态种种，表情不一：有的按剑而立，目光炯炯，正气凛然，恶鬼为之胆寒；有的张眉怒目，浓髯倒竖，抬手举剑，欲砍魔鬼；有的面带微笑，成竹在胸。

黄警顽有些奇怪地问道："钟馗捉鬼，民间倒很欢迎，不过，你画这么多样式干什么？"

徐悲鸿解释说："鬼有时比人更可爱，他能伸张正义，给人施善。现在我画他，再给他增加一项任务，就是去捉拿欺压我们中国人的洋鬼子和那些专门欺压穷苦百姓的吸血鬼！"

黄警顽听后哈哈大笑，直说徐悲鸿想得太出奇了。

这些神像又被黄警顽拿去卖了20多元，使得徐悲鸿的生活有了很大转机。徐悲鸿更加刻苦作画了。同时，他也想和上海的画家进行交流，拓宽自己的视野。

一天，他听到有一位油画家，名叫周湘，功底较深，并且乐于帮助人，便多方打听到地址，找到了周家，登门求教这位很少抛头露面的油画家。

周湘先生是江苏嘉定人，50多岁，个子不高，但很有风度。他与徐悲鸿初次见面就情同老友，侃侃而谈，中国画、西洋画、文学、美学，无一不成为他们的话题。周先生说："我见过不少青年画家，像你这样不怕吃苦，好学上进，见识不一般的人倒不多，下次来，希望带几件作品，也好欣赏欣赏。"

他们谈得很投机，整整谈了一个下午。

几天以后，徐悲鸿带着自己的画来到周家。周湘一见那匹扬鬃奋蹄的奔马，不由得连声称赞说："气势磅礴，简淡高逸，妙！可称上乘之作。我看只要你照此努力下去，前程肯定无限！"

周湘对欧洲美术史、法国和意大利各派绘画大师的生平和作品都很熟悉，他让徐悲鸿欣赏了他的收藏精品和自己的历年作品。这使悲鸿大开眼界，体会到了一个画家的成功，必须要付出艰巨和长期的劳动。

周湘把自己收藏的一套四本的油画画册送给徐悲鸿，再三叮嘱徐悲鸿说："年轻人，不要怕吃苦，不要怕花钱，只要你能像你画的奔马那样，不管道路多么崎岖，都一直往前闯，我相信，你一定会成为当代的任伯年，甚至我们中华民族的达·芬奇！"

周湘的话，激励着徐悲鸿奋进奔驰。

徐悲鸿更加发奋地画画。他不惜精力，不惜财力，买纸买墨。然而，很快卖画的钱已经用光了，他又陷入困难之中。

无奈，他把自己的悲哀和忧郁，向一位同乡，和善的民间医生法德生先生倾诉，向他借一些钱，以解燃眉之急。

　　善良的医生十分爱惜徐悲鸿的才华，有心资助他。但一个以行医糊口的民间医生，哪里拿得出一大笔钱呢？法德生先生慰勉徐悲鸿，劝他不要着急。然后，他邀集了一些朋友——那些朴实的小手工业者，集腋成裘地拼凑了一笔钱，送给徐悲鸿。

　　徐悲鸿含着眼泪接过这笔钱，心情久久不能平静。他深知这些乡亲们的生活也十分艰难，但是为了扶持他，都慷慨地伸出了援助的手。他应当怎样刻苦努力，才能报答乡亲们的关怀和爱护呢？他暗暗下定决心，决不辜负乡亲们的期望。

　　徐悲鸿收到钱后，买了回家的车票，准备在家乡休息几日，再到北京去闯一闯。

再次来到上海

圯亭桥畔那所小屋依旧顽强地屹立在风雨之中,就像它当年的主人那样。但是,这个家却更加贫困了。弟妹们都失学在田地里劳动,母亲那裹在粗布衣服里的身子也更加瘦削了。她像世界上所有的母亲那样,默默地将痛苦咽在肚里,不对儿子吐露。徐悲鸿也不愿对母亲说出自己的苦恼,他们互相隐忍着。

他不敢正视母亲忧郁的目光,也不向母亲透露半句在外的辛苦,他强忍着悲伤,在家乡度过了第一个没父亲的除夕之夜。

除夕后,恰好有一位做蚕茧生意的宜兴同乡唐先生要去上海洽谈买卖,于是徐悲鸿便与他结伴起程了。他打算再一次去上海,然后从上海去北京,希望在北京找到职业。

春节过后,当北方还是大雪纷飞、冰封千里的时节,初春的江南虽然万物已经萌发生机,但仍是春寒料峭,细雨夹着雪花,飘飘洒洒、纷纷扬扬,散落在大地上,仿佛要给大地织起一张阴冷的网。

他们迎着风雨,从圯亭桥沿着大路步行,到了无锡搭上火车,直达上海。

在上海的一家旅馆住下来后,唐先生整天忙于奔走接洽他的买卖,而徐悲鸿一个人孤单地在旅店里读书作画。

一天,天空阴沉沉的,纷纷扬扬地飘着浓密的雪花,它们欢快地在冷风中旋舞,自由自在地飞翔。有的飞落在屋顶,有的静静地落在树上,给世界镀上一层淡淡的银色。

一切都仿佛在雪花中沉寂了,零乱的街道也因此而变得整洁美丽。徐悲鸿被这情景感动了,他立刻打开了他的画具,画了一幅写生水彩画《雪景》。

在这幅小小的画面上，漫天大雪飞舞着，洁白的积雪铺洒在家家户户的屋顶上和路旁那些纵横交错的树枝上。在泥泞的人行道上，雪融化了，行人耸着肩，瑟缩着身子匆匆而行，仿佛十分寒冷的样子，给人一种真情实景的感受。

徐悲鸿将这幅雪景装在一只镜框里，挂在墙上，准备托唐先生带回屺亭桥镇，赠给法德生先生的朋友史先生，以感谢他慷慨相助。

就在徐悲鸿准备动身去北京的当天，客店里来了一位衣冠楚楚的商人，他穿着丝质的长袍、马褂，面容清瘦，要找唐先生商谈生意之事。可不凑巧，唐先生外出办事没回来。徐悲鸿便礼貌地请他在房间等候。

这位先生名叫黄震之，是上海的一位大富商，酷爱美术，也是一位颇有鉴赏力的书法、绘画收藏家。他平时爱抽几口大烟，烟瘾一上来，就赶快吸几口，不然就打不起精神。

黄震之躺在唐先生的床上，咝咝地吸着大烟，在烟雾缭绕中，无意中发现了徐悲鸿挂在墙上的画。他立时瞪大眼睛，起身来到了画前。他真被这幅江南雪景迷住了。他左瞧右瞧看不够，越看越入神，频频点头说："画得如此逼真，真是一幅少有的佳作啊！"

黄震之走到徐悲鸿面前，很有礼貌地问道："这幅画色彩丰富，写实力强。略一看，好像草草而成，可细看起来，却构图巧妙，笔奇意新，寓意深刻，好像在对人们诉说一种心境。请问，你知道这是哪位画家的手笔吗？"

徐悲鸿听到他的赞赏，脸一下子红起来，不好意思地答道："这幅画是我的拙作。"

黄震之不由一愣，望着身材瘦小、面色苍白的徐悲鸿说："看你还像个少年，想不到竟有如此的绝技！"

黄先生爱画如命，只要见了喜欢的画，就不惜重金买下来，否则连觉都睡不好，饭都吃不香。今天看到徐悲鸿的画，顿时爱不释手。他直率地问徐悲鸿："老弟，我想收藏这幅画，你能不能卖给我呢？"

徐悲鸿为难地向他说明这幅画已决定送人，不能出卖。黄震之又问道："那么请问，你打算去什么地方呢？"

徐悲鸿毫不犹豫地答道："北京。"

听了徐悲鸿的话，黄震之感到惊讶："小弟为什么要到北京去呢？那儿有好工作等着你吗？"

徐悲鸿长叹一声说："我在上海一无亲二无故，找不到活干，实在无法待下去了，想到北京去碰碰运气。"

黄震之用十分关怀的口吻说："北京现在正是天寒地冻的时候，我看你身上的衣服单薄，不足以御严寒，还是留在上海慢慢再想办法吧！"

徐悲鸿听了黄震之的话，顿感亲切。但他又想他在上海寻觅多日，却屡屡碰壁，多次受到冷遇，今天遇到有钱的阔佬，真能这么慷慨吗？别是拿我寻开心吧，有钱的人多半靠不住，我可不能轻信他。徐悲鸿思索片刻，还是谢绝了黄先生的建议。

正谈着话，唐先生回来了。徐悲鸿见他们热烈地谈论起蚕茧的买卖和行情，便走出旅馆，上街购买一些零星用品。

等徐悲鸿回到了旅店，客人已经离去。唐先生兴奋地告诉徐悲鸿，黄震之先生酷爱美术，是一位颇具鉴赏力的书画收藏家，也是上海的一位富商。他看到徐悲鸿的这幅雪景后，认为徐悲鸿是一位很可造就的人才，表示愿意帮助徐悲鸿解决生活上的困难，劝徐悲鸿留在上海。

但是，徐悲鸿当时却向往着古老文化的北京，一心想去那里。唐先生则认为去北京未必能谋到职业，前途莫测，力劝悲鸿留在上海。在这位好心的同乡唐先生的劝告下，徐悲鸿接受了黄震之先生的帮助，搬到上海暇余总会去住。

暇余总会是一所俱乐部。黄震之在此租了一间房子，以备休息和抽烟时用，徐悲鸿就被安排到这间房子住。俱乐部设有赌场，每天赌客满堂，从黄昏开始聚赌，直至天明，通宵达旦，灯火通明。

徐悲鸿看到那些围在赌桌四周的人们像发疯了一样，一掷千金，听着银元在赌桌上"叮叮当当"和"哗哗"的响声，夹杂着人们的欢笑声、咒骂声，一种厌恶之感充满心头，他像逃避瘟疫一样急忙跑出去。

最初，他只是在街上徘徊，后来，他找到一家夜校补习法文。黎明以后，赌徒们散尽，暇余总会又变得鸦雀无声，徐悲鸿便伏在那十分宽大的赌桌上，用心作画。

时间一点一点地流逝，转眼又到了冬天。暇余总会忙于修整和粉刷房屋，准备新年大赌，徐悲鸿只好搬出去，住到朋友黄警顽先生的宿舍里。

这年年底，黄震之先生赌败，几乎破产，他已不能再给徐悲鸿任何帮助了。而黄警顽是个小职员，收入微薄，还要奉养老母，徐悲鸿不愿开口向他告贷。

在走投无路，十分困难之际，徐悲鸿画了一幅马，寄给上海审美书馆馆长高剑父、高奇峰兄弟。他们两人都是著名的岭南派画家。

不久，徐悲鸿接到高剑父先生的回信，盛赞他画的马，信中写道："虽古之韩干，无以过也。"

徐悲鸿的绘画才能，渐渐被上海的一些人才所注意，知名度不断提高。他的创作热情也达到又一个高峰。

一天，高剑父、高奇峰又来找徐悲鸿，请他为审美书馆画4幅《仕女图》。徐悲鸿对仕女向来没有多大的兴趣，但他不好意思拒绝高家兄弟的要求，也因生活需要，只好勉强答应了。

这时，徐悲鸿身上只剩下五个铜板，而四幅仕女图至少需要一星期才能画完。每天清晨，徐悲鸿带着辘辘饥肠，走上晨雾迷蒙的上海街头。

繁华的夜市随着黎明而消失了,商店都沉睡在梦乡里,只有早点铺冒着腾腾热气,豆浆、油条、烧卖、小笼包子、排骨汤面等发出诱人的香味。

徐悲鸿手心里捏着一个铜板,就如同捏着一块金子一样,唯恐丢失了,因为他要靠这个铜板维持一天的工作,要靠它度过漫长的一昼夜!

最后,他停在一个卖蒸饭团和油条的小摊前。一个铜板可以买到一个蒸饭团,如果夹上一根油条,就需要付两个铜板。徐悲鸿只买了一个不夹油条的蒸饭团。这是一种蒸熟了的糯米饭,小贩从饭盆里用手指抓一把糯米饭,放在一块潮湿的白布上,然后将布卷起来,双手一搓,便搓成了一个饭团。

由于糯米饭有黏性,能多消化些时候,徐悲鸿才选择了它,就靠它支持一天的工作。徐悲鸿常常因为饥饿而心慌,握着画笔的手也变得软弱无力,但是他竭力挣扎着。

到了第六天和第七天,徐悲鸿已经一个铜板也没有,完全断食了。他握着画笔的手开始颤抖,不能听从意志的支配。眼睛也渐渐模糊起来,仿佛有无数的黑影晃动,它们忽然变成一片黑暗,冒出许多金星。他连忙伏在桌上。等一阵晕眩过去,他又抬起头来,重新拿起画笔。但是,一会儿又是一阵晕眩,他又赶紧伏在桌上。

大雪纷纷,卷落天际。徐悲鸿顶风冒雪,往审美

书馆走去。他敲着门，表示要找高先生。看门的老头将门开条缝，躲着风雪说："对不起，先生，两位高先生都不在。"

"那么，明天来不来呢？"徐悲鸿惶恐地问。

"明天是星期天，照例不来！"看门人隔着窗户回答。

徐悲鸿只好将画交给看门人收下。难以忍受的饥饿，使他感到有一种即将倒下去的晕眩。虽然十分寒冷，他仍不得不脱下身上单薄的布衫，送到当铺里去。

几天以后，高氏兄弟给徐悲鸿送来一笔钱——这是卖画所得的钱，数目不小，令人高兴。徐悲鸿腰包里一有钱，首先想到的是曾经资助他的亲朋好友和乡下的老母亲，再就是要添置作画用的笔墨纸张。

一天，徐悲鸿漫无目的地走着，在一个广告栏上，他看到了一则广告：上海复旦大学招收学生。这条广告立刻引起了他的兴趣。"为什么我就不能上大学呢？复旦大学的校门难道只是对有钱人敞开的吗？我一定要试试。"他的脑子里闪起了报考的念头。

徐悲鸿的决定得到了好友黄警顽和黄震之的支持。

决心已定，徐悲鸿就抓紧时间复习功课，每天学习到深夜。苍天不负有心人，徐悲鸿果然以优异的成绩考取了复旦大学法文系。

艰辛求学

每个人的一生都应该给后代留下一些高尚有益的东西。

——徐悲鸿

求学中不懈绘画

连徐悲鸿自己也没有料想到，他居然被录取了。

徐悲鸿和其他学生不一样。他不乘汽车，也没有人送行，像往常搬家一样，只是把心爱的笔墨纸砚收拾好，背上行李卷就来到了学校。

复旦大学有条规定，新生入学时校长都要亲自召见。当校长叫到"黄抉"的名字时，徐悲鸿应声走了进去。原来，在最初决定报考复旦大学时，为了感谢黄震之、黄警顽两位先生的帮助，他把自己的名字改为"黄抉"，以作纪念。

校长询问徐悲鸿的学历，触动了他心中的创伤，勾起他对悲伤的往事的回忆。一个失业者，一个孤儿，一个受尽生活折磨的21岁的年轻人，曾经种过地，教过书，流浪过，却从来没有进过学校读书。他想要把这一切都说出来，但是，他翕动嘴唇，发不出声音，好像有什么东西堵在他的喉咙里，泪水顺着他的面颊滚滚流下。

校长的目光落到他那双戴孝的白布鞋上，关怀地问道："你给谁戴孝？"

徐悲鸿哽咽地回答："父亲。"泪水更加止不住了。

校长温和地抚慰他说："年轻人，不要过于伤心了。只要你努力读书，勤奋学习，就可以上进，就可以忘掉悲痛。"

于是，徐悲鸿正式入学了。他读的是法文系。这并非他想放弃学画的志愿，而是打算学好法文，将来寻觅机会去法国半工半读。在法国艺术的殿堂里，去感受大师们的艺魂，去饱览世界美术之最。

但他并没放弃画画，每周只有星期四下午无课，每到课余时间，他便练习素描，有时对着镜子画自己，有时也画同学们。

徐悲鸿住进大学后，只要没课，他就扎在图书馆里，如饥似渴地阅读大量书籍，浏览世界各国名家画册，刻苦攻读法文。在知识的海洋中，他如鱼得水，自由自在地游来游去，吮吸着丰富的营养。

徐悲鸿的名气已渐渐被一些人所知道，几位朋友的子女也要求跟徐悲鸿学画，徐悲鸿答应了，每日的收入有所增加，生活过得比较安稳、平和了。

每天晚上，徐悲鸿都要到图书馆里去学习，直至闭馆为止。

有一天，徐悲鸿从报纸上看到上海哈同花园附设的仓圣明智大学征求仓颉画像的广告。

哈同是个犹太人，他凭着巧取豪夺的狡诈手段，在上海发迹，成为有名的地皮大王。他拥有一座豪华的哈同花园。

为装点风雅，他的妻子罗迦陵办起了一所仓圣明智大学，奉传说中创造中国文字的仓颉为圣贤，请来一些社会名流、前清遗老讲学。既名"仓圣明智"，就要有一张仓颉的画像。可是，仓颉到底是什么样子，谁也说不上来。于是便在报纸上刊登广告，公开征求。

徐悲鸿听到这个消息后，很犹豫。黄警顽开导他说："我和哈同花园总管姬觉弥相识，你的画如能入送，那你就要一步登天了，到法国去留学的梦想也可能成为现实。"

徐悲鸿被可以去法国留学的希望打动了。他先到图书馆查阅资料，参看画册，画了几张草稿，花去几天的时间，画完了一幅3尺高的仓颉半身像。画面上是一个满脸长着须毛，浑身上下披着树叶的巨人，粗粗的眉毛上下，各有重叠的眼睛两只，头大额宽，双耳垂肩，脸上焕发着神采奕奕的红光，一眼看去，便知道是一个有智慧的上古人。

画像完成了，黄警顽也赶来观赏。他虽不甚懂画，但看了徐悲鸿笔下的仓颉像，也不禁为徐悲鸿的巧妙构思而倾倒。他赞赏道："我真佩服你的想象力，竟然能构思出这样的4只眼睛。我看十拿九稳，准能选中。"

徐悲鸿平静地说："选不选中，现在还很难说。至于我的构思，也不是凭空想象出来的，我查看了许多资料，进行了多方面的考证。譬如王充所著的《论衡·骨相篇》，就写着颉有四目，我只不过结合自己的想法，把它形象地表现出来罢了。"

这幅画送去以后，果然被仓圣明智大学的教授们通过，一致赞赏这幅画画得不但形似，而且神似。罗迦陵什么也不懂，听了别人的介绍，她也没有意见，只是要见一见画仓颉像的画家。

一个星期日的下午，徐悲鸿由黄警顽陪同，来到了哈同花园。罗迦陵的大堂金碧辉煌，装潢富丽，红木家具，令人眼花缭乱。徐悲鸿落落大方地走进去，罗迦陵一见到悲鸿，便用上海话连连称赞："你画的仓颉像蛮好的，应该得到重用。像你这样有才华的青年人，在大上海是少见的。"

徐悲鸿礼貌地回答："夫人过奖了，我只是一名学生。"

徐悲鸿与黄警顽虽然衣着简朴，在这里更显得寒酸。但他们举止落落大方，不卑不亢，倒也颇为得体。

离开哈同花园，两个年轻人议论起来。

"悲鸿，你真的一步登天了。"黄警顽挽着他的手臂说。

徐悲鸿放慢了脚，严肃地说："不管我到了什么地方，我还是'神州少年''江南布衣'。"他接着说，"他们是有钱的犹太人，办学校，弄风雅，只是闲来无事消遣罢了，兴致一过，就会风消云散的。你不要以为我会打算在哈同花园里干一辈子，我有我自己的打算。"

不久，徐悲鸿接到哈同花园总管姬觉弥的一封亲笔信，聘请他任仓圣明智大学的美术指导，并邀请他搬到哈同花园来居住。信中写道：

哈同花园条件比较好，有利于先生搞创作，再者，你为仓圣明智大学讲授美术课时，也用不着车接车送浪费您的时间了。

徐悲鸿没有接受邀请，他以学习紧张为借口，婉言谢绝了。

暑假一到，姬觉弥又一次致意、邀请。徐悲鸿考虑再三，为在暑期里能更好地进行学习、创作，便接受了邀请。他把行李、画具搬进哈同花园的客房里住下来。

徐悲鸿在哈同花园里住下，就开始绘制仓颉像，他计划再画7幅，其中有半身的，全身的；有立像，也有坐像；有在山洞里住的，也有在旷野上的；再画的主题都跟创造文字有关。同时，他还教授仓圣明智大学学生们的绘画课。

明智大学当时还设有广仓学会，邀请一些名流学者讲学。徐悲鸿因此有机会结识了康有为、王国维、沈寐叟等当时颇负盛名的学者。

明智大学又经常在哈同花园内举办私人收藏的金石书画展览，给徐悲鸿提供了极好的学习机会，使他从我国古代优秀的绘画中，汲取了丰富的营养。

徐悲鸿对戊戌变法时公车上书的康有为是深表敬意的，遗憾的是他未能随着时代前进，而终于成为保皇党。但康有为的渊博学识，仍吸引着悲鸿。特别是他热心鼓励后进，把徐悲鸿当成自己的学生。

康有为在当时已很少收学生了，但却对徐悲鸿刮目相看。拜师就是在新闸路辛家花园宅举行的，徐悲鸿恭恭敬敬地把康有为请到上座，然后跪在地毯上，按照传统给康有为叩头。

从此以后，徐悲鸿不仅在那些老先生那里学到美术方面的知识，而且有机会饱览了哈同花园中大部分珍藏，包括古今中外的图书绘画、金石、古玩、碑帖、雕刻等。这使徐悲鸿大开眼界，他如饥似渴，日夜读看，以至于到了迷醉的程度。

康有为收藏的书籍、碑帖极为丰富，徐悲鸿都一一浏览，从而对书法产生了浓厚的兴趣。后来，他将"石门铭""经石峪""张猛龙"等名碑都临摹多遍。

在明智大学的日子里，勤奋的徐悲鸿作了许多画，除了仓颉像，还有人物、山水、花鸟、走兽，也画过一些舞台布景。

从这些作品上，可以看到徐悲鸿在中国传统技法的基础上，开始尝试结合西洋画的明暗和透视，来表现中国画的空间和体积。虽然它们还很不成熟，但能够看出，他在革新中国画方面已经举步前进了。

徐悲鸿在哈同花园中不久就树立了自己的威信，明智大学的校长姬觉弥先生对年轻有为的徐悲鸿也颇赞识，优礼有加。

当时，学校还在扩充，需要很多人员，徐悲鸿就向姬觉弥介绍了几位家乡的朋友。其中，有一位名叫曹铁生的，徐悲鸿推荐他担任管理学生宿舍的舍监。

曹铁生是悲鸿故乡宜兴的邻县保阳人。徐悲鸿在和父亲流浪卖画时，在保阳认识了他。他见徐悲鸿勤奋好学，曾将多种欧洲艺术大师们的绘画复制品赠给徐悲鸿。

曹铁生是位落拓不羁的旧知识分子，嗜好喝酒，不修边幅，但为人侠义，爱打抱不平，别号"无棒"，取"穷人无棒被狗欺"之意。

尽管徐悲鸿在明智大学接触的人很多，但真正彼此能谈心的，只有曹铁生。他们有过相同的遭遇，他们都曾失业和贫困，也有相似的性格，爱仗义执言。他们常常在一起倾谈。

曹铁生对于明智大学的某些校规，如禁止学生与外界来往，对学校的校医既无能、又倨傲，以及某些教授的尸位素餐、庸碌无才等，都有愤愤不平之感，常与徐悲鸿一起议论。

一个夜晚，总管姬觉弥来到徐悲鸿的住处，来和他谈哈同花园演文明戏绘制布景的事。正在这时，门猛地被推开，曹铁生醉醺醺地闯了进来。

徐悲鸿赶忙上前扶住他，他用手拨开徐悲鸿，脚步不稳地走到姬觉弥的面前，怒目而视，用手指点着姬觉弥，大骂起外国人欺压中国人，洋人心狠手黑，历数仓圣明智大学欺压师生，贻误良家子弟，奴化中国青年。

徐悲鸿费心竭力，才把满腔怒气的曹铁生拉到床边，让他睡下。姬觉弥强作镇静，讪笑着说："他喝醉了！"便匆匆走了。

徐悲鸿守着熟睡的曹铁生，彻夜难眠。他知道曹铁生是个快言快语、敢作敢为的人，今天这一席话，足见其个性。但姬觉弥巧谋精算，城府很深，这样的人是得罪不得的，何况当面揭其疮疤。

果然，报复来得飞快，第二天曹铁生便被仓圣明智大学辞退，逐出哈同花园。

曹铁生也不请求留下，打起行李就走。临行前，他向徐悲鸿告别。悲鸿塞给他一笔钱，含泪说："我也不会在这儿待多长时间，以后再见！"

徐悲鸿资助他远走汉皋，而徐悲鸿自己也无意再留在明智大学了。他原计划画八幅仓颉像，但他只完成了 4 幅，其余 4 幅，刚勾了一个轮廓，他也不想再完成了。这些画后来也都随着明智大学的风消云散而不知下落了。

明智大学以 1600 元现洋赠给徐悲鸿。徐悲鸿拿到这笔稿费，决定东渡日本，开始他对世界艺术的探索。

远赴日本学绘画

徐悲鸿在仓圣明智大学结识了一些社会名流,其中有维新派首脑人物康有为和国文教授蒋梅笙。徐悲鸿同蒋梅笙聊起来,方知蒋先生与他同乡。

蒋梅笙住在离哈同花园不远的地方,是一位很有国学根底的旧文人,当时在上海大同学院教授国文。

由于同乡朱了洲的介绍,徐悲鸿认识了蒋家。朱了洲先生在宜兴是位知名人物。辛亥革命时,这位有革命思想、体格又十分健壮的青年,身后常常跟着一帮年轻人,为了破除迷信,在宜兴的庙宇里,见到菩萨就砸。

这时,他在上海务本女子学校教体育。他的弟弟朱一洲先生后来留学法国,也成为徐悲鸿的挚友。

这之后,徐悲鸿常去蒋宅拜访,一是因为蒋梅笙先生虽然德高望重,但对徐悲鸿这样的年轻人却和蔼可亲,而且他家收藏许多珍贵的书画,可供徐悲鸿观摩学习。

蒋梅笙夫妇见到才华出众、外貌英俊的徐悲鸿,十分喜欢。他们得知徐悲鸿在家乡的原配妻子亡故,至今尚未续弦,对徐悲鸿不幸的身世就更多了一份同情。

原来,徐悲鸿17岁时,由父母包办定了亲。当时父亲患着重病,十分孝顺的徐悲鸿不便违抗父亲的意愿,被迫同意了。妻子是邻村一位贫寒的农家姑娘,由于先天不足,体弱多病。婚后生了一个孩子,取名"劫生"。

徐悲鸿第二次来到上海不久,妻子便不幸病亡。后来,劫生也因出天花而夭折。于是，蒋梅笙的小女儿蒋碧薇对徐悲鸿逐渐产生了一种同情、敬佩、爱慕的复杂情感。

蒋梅笙有两个女儿，大女儿已经出嫁，次女蒋碧薇在13岁时便许配给苏州查家，尚未过门。这时，蒋梅笙夫妇很遗憾地想，如果他们再有一个女儿就好了。

19岁的蒋碧薇认识徐悲鸿以后，常常不由自主地在心里将在苏州读中学的未婚夫——一个家境衰微了的宦家子弟，与徐悲鸿比较，真觉得有天壤之别。

她渐渐被徐悲鸿吸引，偷偷地爱上了他。开始，徐悲鸿并未察觉。直至有一天，蒋碧薇听到母亲说，查家明年就要来迎娶了，她便失声痛哭起来，徐悲鸿才好像了解她的心情似的拍拍她的肩膀说："不要难过。"便匆匆走了。

蒋碧薇修长的身材，白皙的皮肤，眉目清秀的面庞和那一头闪闪发光的浓密的黑发，是能引起一个画家的好感的。但徐悲鸿正处于父逝妻亡的悲痛心情中，而且他又专心致志于绘画，无暇顾及其他。以至直至悲鸿准备东渡日本时，还未曾与蒋碧薇有过单独的接触。但蒋碧薇那多情的顾盼，有时也牵引他的心。

徐悲鸿开始走入顺境，生活变得安定而平稳，外貌发生了变化，心情也发生了变化。面对美丽多情的蒋碧薇，他的内心触发了一种不可抑制的恋情。

每次来蒋家，徐悲鸿都想单独和蒋碧薇在一起，听她吹箫，与她谈心。可这种机会很少。因为蒋先生总是陪坐在一旁，他们俩只有靠眼睛交流彼此的情感。

蒋碧薇听到徐悲鸿即将东渡日本，她内心多么想跟着他同去呀，但是，由于少女的羞涩和已经订婚的种种顾虑，她只能将这个愿望痛苦地埋在心里。但是，谙于人情世故的朱了洲早已洞察一切，自告奋勇地做了穿针引线的工作。一天朱了洲对蒋碧薇说："假如有一个人想将你带到外国去，你去不去？"

蒋碧薇立刻想到了这个人就是悲鸿，她勇敢地、坚决地、毫不迟疑地回答："去！"

在那还被旧礼教统治着的社会和家庭中，解除婚约是不可能的，唯一抗争的办法便是私奔。

徐悲鸿面对着这样一位热爱自己，并且如此大胆地反抗封建包办婚姻的美丽姑娘，感到一种强烈的压力和责任，他那颗被深深打动的心开始沉浸在对美好生活的向往中。徐悲鸿很快办好了两人的护照。

徐悲鸿积极筹划。为了能和蒋碧薇一起出去，他煞费苦心，内紧外松。为了不引起别人的怀疑，他对很多朋友说，要去法国留学，而实际上，他正悄悄为自己和蒋碧薇东渡日本做准备。

徐悲鸿办事周到缜密，他一方面说他在 5 月 10 日前就动身去法国，而暗地里已订好 5 月 14 日清晨驶往日本长崎的"博爱号"船位。

5 月 10 日一过，徐悲鸿便隐居在康有为家里，等待与蒋碧薇一起私奔东洋。

5 月 13 日晚上，康有为设宴为徐悲鸿饯行，并预祝他和蒋小姐幸福、美满。宴会后，康有为又挥笔写了"写生入神"四个大字赠与徐悲鸿。

这天下午，蒋碧薇悄悄地留下一封与父母告别的信，伪称自己对人生深感乏味，似有去自杀的打算，便匆匆离开了家。

1917 年 5 月，这对热恋中的情人，从上海登上驶往日本的海轮。

女儿的突然失踪，使蒋梅笙夫妇惊骇忧惧，当他们发现了女儿的告别信时，更是老泪纵横。但父母毕竟了解他们的女儿。他们估计女儿不会自杀，很可能是跟着徐悲鸿一同跑到国外去了。

即使如此，这种私奔，也是蒋家的奇耻大辱，将受到众人指责。蒋梅笙夫妇只好伪称蒋碧薇暴病身亡，又怕未婚女婿查家发觉，便买了一口棺材，装上许多石头，抬到苏州一家寺庙里存放，这样才算瞒过了查家。

轮船喷着粗大的黑色烟柱，在波涛汹涌的太平洋上乘风破浪前进。身着西服的徐悲鸿与穿着宽袖绸裙的蒋碧薇凭倚船栏，凝视着隐约在望的邻国。

他们在东京租住了一家日本居民的一间房子，作为临时的"家"。为了尽快熟悉这里的环境，徐悲鸿请了一位老师，每天教他们夫妇学习日语。

蒋碧薇在家里是最小的女儿，平时什么活也不干，饭来张口，衣来伸手，现在过起独立生活，很不习惯。所以，他们把每日的三餐饭都包给房东太太。

除了早饭外，其他两顿饭都是两菜一汤，房东太太把饭菜放在一个漆盘中，吃饭时席地坐在榻榻米上，很方便。

这样算来，房租伙食费每月40元日币，这和当时国内物价相比，是相当贵的。每隔几日，他们还要邀上几个中国朋友，到中国人开的饭馆里吃上几个地道的中国菜。

为了培养蒋碧薇对中国书法的爱好，徐悲鸿每天教她练字，临摹郑文公碑。如果发现妻子没完成作业，就毫不留情地加倍惩罚她。

美丽的东京以它那明媚的岛国风光和异国情调迎接着许多外来游客。但年仅22岁的悲鸿并未流连于山光水色中，也未沉浸在个人感情里，强烈吸引他的，是那丰富多彩的日本美术。

他整天在藏画的处所观览，欣喜地看到日本画家渐渐脱去了据守古人的积习，能仔细观察和描绘大自然，达到了美妙、精深、丰富的境界，尤其以花鸟画最为出色。

当时，日本的美术印刷很精美，种类繁多，有一些仿制原画的复制品更吸引徐悲鸿。

他经常流连于那些书店或画店，遇到自己喜爱的书籍或美术复制品，便不计价值地买下来。每次回家，他总是抱着一堆书画回来。

蒋碧薇带着埋怨的语气说:"你总是买这些书画,这样下去,我们带来的钱很快就会用完,将来流落异国怎么办?"

但是,徐悲鸿却不能抑制他对艺术如醉如痴的追求,也不能稍减他继续购买书画的热情。最初,蒋碧薇只是婉言规劝,多次规劝无效,便继之以口角,接着而来的,是激烈的争吵,双方都很不愉快。

生活就是这样严峻地在一对情侣刚刚开始共同生活的时候,投下了浓重的阴影。蒋碧薇敏锐地看出,悲鸿的全部心力都放在艺术上。她深深地在心中埋怨,徐悲鸿只爱艺术,并不爱她。

这是多么不幸!而悲鸿却在想:即使挨饿,不吃饭,也要省下钱来买这些书画,否则,将是留在心中的遗憾,永远无法补偿。他觉得蒋碧薇一定会渐渐地理解他。他盼望能将蒋碧薇吸引到和他一样热爱艺术的精神领域来。

志趣上的不同,也给他们的生活带来了许多的不愉快。

在东京住了半年,钱果然很快用完了。生活上的花费并不多,绝大部分都被悲鸿用来买了书画。无法继续在东京生活下去,只好归国,他们于这一年年底,乘轮船回到上海。

蒋梅笙夫妇看到私奔的女儿和他们喜爱的女婿双双归来,尽管拆穿了假棺材之谜,受到了一些亲戚朋友的非议,还是喜笑颜开。

然而,他们还不知道,女儿与女婿之间已出现裂缝。

在北京初露头角

徐悲鸿回到上海后，立即来到辛家花园拜访康有为。康有为对他的归来表示高兴，并感谢他送来的礼物。

康有为看到他们带回来很多美术印刷品，极为赞赏："你们很有见识，我们要学习外国的好东西，不论是东洋的，还是西洋的。"

徐悲鸿说起自己想到法国学习、考察的愿望。康有为以为："欧洲正有战事，不妨先去北平，那里是中国文化古都，对绘画事业大有好处，也可借机做些准备，待战事一停，即可奔赴欧洲深造。"

康有为挥毫写下"以壮行色"四个大字赠送徐悲鸿，并让他带去几封信，托朋友们多多关照徐悲鸿。徐悲鸿和蒋碧薇踏上了北上的旅程。

1917年12月，徐悲鸿和蒋碧薇搭上从上海到塘沽的轮船。为了节省路费，徐悲鸿在上海买的是三等舱的船票。

乘坐三等舱的大都是穷苦大众和落魄的知识分子等，在贫困和流浪中长大的徐悲鸿对此是处之泰然的，因为他的生活向来很简朴，而且，很愿意和下层社会接触，他对劳动人民有着深厚的同情。

但是，对出身于家境比较富裕的蒋碧薇来说，和这些下层社会的劳动人民相处，而且住在一个舱房里，使她觉得难堪、有失体面，心里十分委屈。

她又一次感到，徐悲鸿只爱艺术，并不爱她。她不能理解，为什么徐悲鸿能拿数以百计的钱去购买艺术品，却不愿拿几十元替她买一张头等舱的船票；生活中的阴影继续在她的心里扩大、加深，使她感到无限的悲伤和哀怨，以致一路上很少主动和徐悲鸿说话。

经过几天的颠簸,他们来到了北京。

徐悲鸿先住在东城方巾巷。他安顿好妻子,就带着康有为的亲笔信和自己的几幅作品去拜见罗瘿公。

罗瘿公是康有为的大弟子,在北京颇有名气。罗瘿公看了悲鸿的作品,非常惊喜,当即给教育部长傅增湘写了一封措辞恳切的推荐信,盛赞徐悲鸿是个不可多得的人才。希望教育部在派遣出国留学生时,能让徐悲鸿去法国深造。

傅增湘先生是四川人,中等身材,体态瘦削,是个读书人,有藏书的癖好,态度平易近人。

第二天,徐悲鸿乘车去教育部找傅增湘先生。傅增湘看到罗瘿公的推荐信后,面带微笑地对悲鸿说:"能不能看一看你的作品?"

于是,徐悲鸿又将自己的素描、水彩和中国画多幅,送到了教育部。几天后,他再去见傅增湘先生,颇受夸奖。傅增湘确认徐悲鸿是一位很有发展前途的青年画家,热情地对悲鸿说:"可惜现在欧战未停,你可稍稍等待。如果将来派留学生去法国,一定不会遗忘你。"

这使徐悲鸿感到这位教育部长很诚恳,似乎没有官场交际的那种虚伪和托词,心里十分感动。

在北京等待留学的日子里,徐悲鸿结识了华林。这个身材高大的青年,在北京文化界很活跃,常为北京的报刊撰写文章,文笔很锋利。他尚未结婚,单身一人租住了东城方巾巷一所四合院内三间厢房,徐悲鸿便向他分租一半居住,成为紧邻。

经华林介绍,徐悲鸿拜访了蔡元培。蔡元培是北京大学的校长,也是一位很重人才的前辈。

蔡元培先生早先看到过徐悲鸿的一幅奔马图,很为欣赏。他对朋友们说:"徐悲鸿此人才气横溢,在振兴中华的事业中,依我看来,他自己就是一匹势不可当的千里马。"

蔡元培没有想到,在罗瘿公的陪同下,徐悲鸿叩门来拜望他了。

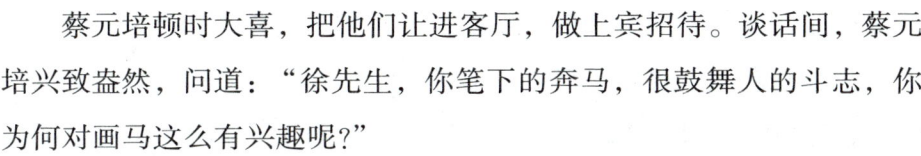

蔡元培顿时大喜，把他们让进客厅，做上宾招待。谈话间，蔡元培兴致盎然，问道："徐先生，你笔下的奔马，很鼓舞人的斗志，你为何对画马这么有兴趣呢？"

"蔡先生，你真是太过奖了。我的画还很不成熟，以后还要请蔡先生多指教。"

徐悲鸿说："马是农民的重要工具，与人们的生产、生活有着密切的关系，并且马是勇往直前的象征。"

蔡元培手托下颌，频频点头。

北京大学没有美术系，但向来重视人才的蔡元培，专门设立了一个画法研究会，特地聘请徐悲鸿担任导师。

北京是一座有着几千年灿烂文化的古都，红色的宫墙、雄伟的宫殿、高大的松柏，都强烈震撼着徐悲鸿的心灵。

徐悲鸿在研究会指导别人作画的同时，经常出入故宫和一些收藏家的门庭，大量观赏中国古代绘画珍品，饱览历代名家真迹，并精心研读古代许多名家的国画论著。

他徜徉在北京街头，用心去感受劳动人民智慧的光芒，吮吸中国古代文化的气息。在故宫博物院，悲鸿看到了大量的古代文物，如古代绘画、陶瓷、青铜器、玉器等，开阔了他的眼界，提高了他的欣赏水平。

徐悲鸿在北京大学工作后，除指导画法研究会的学生作画外，还给他们讲授绘画理论。

当时，北京的知识界十分活跃。《新青年》《每周评论》等进步刊物，对封建思想展开猛烈的抨击，传播着民主主义的思想和文化。徐悲鸿受到深刻的影响。

画家陈师曾那时也在北京大学画法研究会任导师，他常和徐悲鸿一起谈画论诗，有时，也一同去故宫博物院欣赏那些优秀的古代绘画。有一次，他俩站在宋代画家范宽的杰作《溪山行旅图》前，不禁为之神往。第二天，徐悲鸿又特意将画法研究会的学生们带来。

徐悲鸿指着范宽的《溪山行旅图》说："宋代的画家都是刻意写实的，但极重神似。范宽居大华，经常见到雄峻的高山，所以他画的多是重峦叠嶂，而董源住在江南，所画的多是平原景色。这都是由于师法造化，所以能画出真情实景，予人以亲切之感。"

徐悲鸿兴致勃勃地接下去说："我觉得唐代的一些画家，如吴道子、曹霸、王维，他们的作品虽然没有流传下来，但一定是美妙无比的，因为当时的人们那样称颂他们。例如杜甫称赞曹霸画的马'一洗万古凡马空'；苏东坡称赞王维'吾于维也敛衽无间言'；至于吴道子，苏东坡尊之为'画圣'。王维诗中有画，画中有诗，那样的画卷一定能使人陶醉。至于李思训、阎立本的手迹，尚能考见，使人觉得真气逸出，雍容华妙。稍后，周昉的仕女图，也是罕见的高手之作。"

徐悲鸿如数家珍似的谈论着，眉宇间浮现出一片真诚的喜悦。

学生们被他精辟的论述感染了，一个个情绪饱满，眼里闪着激动的光芒。

转眼到了夏天。北京的白蛉子特别多，这种小如芥末的飞虫，咬人奇痒。在方巾巷狭窄庭院居住的悲鸿深以为苦。幸好这一年暑假，北京大学组织教师和学生去香山避暑，徐悲鸿便报名参加了。

香山公园是一个面积有160公顷的天然公园，最高处海拔557米。旁边的碧云寺依山建筑，层层上升，有描金彩画的亭台塔院，又有汉白玉的石台和雕栏，周围古木参天，门前流水泥漏，优雅别致，宛如仙境。

香山原有香山寺，建于1186年，元明两代都曾修建，清代还在这里建筑了行宫。但英法联军和八国联军先后抢掠焚烧，大部分建筑都已变成废墟。

徐悲鸿和北大的师生们在这里游览凭吊，深感国家的衰败。徐悲鸿伫立在残垣断壁之中，胸怀激荡，忧国忧民之情油然而生。

夏日的香山，郁郁葱葱，峰峦叠嶂，寺庙隐在深山中，重门叠户，曲径通幽。

徐悲鸿置身于苍松翠柏中，感其意，动其情，创作了《西山古松柏》《晴岗翠嶂》等画。他除了画画、教画，还利用空闲时间观赏了许多古代名作，如明代边文进、孙隆、台纪的双钩着色画；明代林良、徐渭及清末朱耷的水墨写意画；清代恽寿平的没骨画；唐代韩干、曹霸，宋代李公麟，元代赵孟頫的马；还有各种小品，像边寿民的芦雁，杨晋的牛，赵兼善的虎，尹野的驴，吴道子、任伯年的人物，以及高凤翰的左手画，高其佩的指画等。名家大师的手笔，使徐悲鸿受益匪浅，他感到，自己的眼界开阔了，自己的艺术知识丰富了。

香山归来，徐悲鸿的创作热情越来越高，对于名家之作，他潜心研究，仔细揣摩，尽力收藏。他把名作的画理、画法进行综合归纳，结合自己的创作体会，加以创新，走自己的写实主义道路。

徐悲鸿学画从不满足，且处处留心。

一天，徐悲鸿在朋友家看到一把扇子，不由得伸手拿起："好，虽也是红花绿叶，却做到立意新、构图新、笔墨技法新，堪称天下第一！"

徐悲鸿对他看重的事物，总是极力推崇，不惜褒奖之词，"天下第一"是他的口头禅。朋友说："白石这幅画确实技法惊人。"

徐悲鸿也赞叹道："这才是真正的艺术大师，南吴（昌硕）北齐（白石）可以媲美。"

"怎奈画坛腐败，像齐白石这样出身卑微的艺术家，画得再好，一些人还是看不起他。"徐悲鸿愤愤地说，"我要是艺术大学校长，非聘请他为教授不可！"

当时正是五四运动的前夕，俄国十月革命已经成功，但欧战尚未结束。许多爱国的知识分子都系心于国家的安危。

北京大学校长蔡元培采取"兼容并包，思想自由"的办学方针，不仅使北京大学成为学术研究的中心，也使北京大学成为刚刚兴起的新文化运动的摇篮。

陈独秀、李大钊、鲁迅等人的文章和讲演，成为人们谈论的中心。

新文化运动强烈地冲击着当时的知识分子，徐悲鸿也受到影响。他和北大的一些教师们常三五成群地坐在碧云寺的台阶上，讨论救国救民之道，也谈论各自的抱负。虽然他们还没有透彻理解和接受马列主义，却接受了"民主与科学"的口号，希望它们可以救中国。

1918年12月的一个午后，徐悲鸿打开一期刚出版的《新青年》杂志。顺着目录提示，翻到署名鲁迅的一篇文章，兴致勃勃地看起来。

对鲁迅的名字，他并不生疏，因为他读过，也很喜欢鲁迅的文章，特别欣赏鲁迅充满激情、言辞犀利的独特风格。今天，他看到鲁迅的小说《狂人日记》，不由得念出声来："每页上都写着'仁义道德'几个字。我横竖睡不着，仔细看了半夜，才从字缝里看出来，满本都写着两个字'吃人'！……将来容不得吃人的人，活在世上。"

读到此，徐悲鸿不禁拍案叫绝。

说来也巧，过了一些日子，徐悲鸿收到了北京大学教授刘半农的请帖，邀请他于1918年12月22日晚，到东安市场中兴荣楼与鲁迅先生聚会。

徐悲鸿高兴极了，盼着这一天快快到来。12月22日是星期天，晚饭后，徐悲鸿穿上棉袍出了门。外面冷风刺骨，路上行人稀少，路边不时有乞丐向他讨钱。

一个瘦弱的老太太领着两个孩子，请求徐悲鸿给一点施舍，让他们吃上一顿饱饭。徐悲鸿望着那一老两少孤苦伶仃的样子，一种强烈的同情心油然而生。他想到了自己的遭遇，泪水溢满了眼眶。他把自己的围巾取下来，围在小一点的孩子的脖子上，又掏出一些钱来，放在老太太手里。

老太太连连道谢。徐悲鸿不忍再看他们，疾步向前走去。他边走边想，中国的现实不正是《狂人日记》中描写的那样吗？人吃人，处处充满着险恶、虚伪。

徐悲鸿来到中兴荣楼，刘半农和鲁迅先生已经先到了。徐悲鸿高兴地同鲁迅先生握手问候，随后倾心而谈。他们从上海谈到日本，从中国的过去谈到中国的现在。两人一见如故，各抒情怀。他们针对时弊，抨击其腐败，嘲讥当权者；而对艺术的发展，则感悟至深，提倡创新、改革。

他们海阔天空，谈上海，谈东京，谈过去，谈现在，谈文学，谈绘画，时而激动，时而愤恨，有时痛感民间疾苦，有时讥刺当权之流。鲁迅吐出一口烟说："你这画画的和我这做文章的，都是用笔作战的战士。太伟大的变革，我们是无力表现的，不过，我从来是不悲观的。我们即便不能表现它的全部，也可以表现它的一角！"

徐悲鸿连连点头，表示赞同，他说："关于作画，我有一个体会，倘若不去表现人民大众的思想情绪，只是关起门来照着芥子园画谱和'四王'的模式作画，那是比较容易办到的。但这样的画，不管你画得多么细腻，多么好看，也没什么意思。然而，要想冲破'四王'，反映社会现实，实在是难啊！"

"是艰难，"鲁迅点头表示赞同，接着他加重语气说，"不过战士是不怕艰难的。地上本来没有路，人走得多了也就成了路。所以，我们要用手中的笔，开辟出一条路来！而你的画就已经冲破了'四王'的束缚；路已经在你的脚下展现出来了。"

鲁迅有些激动，他接着说："十月革命后，我看到了新世纪的曙光，决心打破沉默，为新世纪的到来呐喊！"

与鲁迅的这次相会，对徐悲鸿无论是在思想上，还是在艺术上，都有很大帮助。作为一个青年画家，他立志要把自己的命运同祖国的命运联系在一起，为中国的强大，为民族的自尊，献出自己的一份力量。

北平比起上海来，人们更为喜爱京戏，罗瘿公就是个京戏迷。徐悲鸿本来就对京戏表演艺术十分赞赏，一到北平，机会甚多，两人便经常出入戏院。

当时，罗瘿公为了宣扬程砚秋的艺术，每逢程砚秋演出，他就将戏院的前几排座位都包下来，买了票请朋友们去看戏。罗瘿公爱重程砚秋的才华，亲自教程砚秋书法和诗词歌赋，亲自为程砚秋编写剧本，教程砚秋熟悉剧本的内容和人物性格。

后来，罗瘿公又助他拜梅兰芳为师。他那份扶持人才的热心，确实感人肺腑。如果没有罗瘿公的爱护和栽培，程砚秋的才华很可能永远被淹没在旧社会的污泥浊水中。

徐悲鸿被罗瘿公这种爱才和自我牺牲的精神深深感动，也被程砚秋的艺术所吸引，每逢程砚秋演出，他是必到的，成为最热情的观众之一。

他对京剧的浓厚兴趣，就从这时开始，渐渐地，他自己也能唱些段落了。但是，蒋碧薇却对此产生了反感，她既不愿和徐悲鸿一起去看戏，又不愿一人独坐家中。

蒋碧薇不愿去剧院，徐悲鸿却坚持要去。他常说："京戏同国画一样，是中华民族优秀的文化艺术，要真正弄通中国绘画艺术，京戏能不看吗？"

见蒋碧薇还不情愿去，他又说："绘画讲究笔断意不断，京戏则讲究声断气不断。梅兰芳先生说得好，他从欣赏国画中，体会出舞台的身段，正如古人从舞剑中体会出狂草笔法一样，可见艺术之间，有相同相通之处，是相得益彰的。"

徐悲鸿缓和语气劝道："尽管你兴趣不大，我还是劝你去看看梅兰芳的《天女散花》，不能不看啊，对你学音乐、写字，甚至吹箫都会有启示。"

然而，蒋碧薇却带着不满的口气嘲讽说："罗瘿公捧程砚秋，这说明什么呢？只不过说明文人无行罢了！"

徐悲鸿惊讶地望着妻子："你怎么能这样说？"

"为什么不能这样说？罗瘿公为了捧程砚秋，把家都搅得乱七八糟了，这还不够，他还想搅到别人家里来！"

徐悲鸿耐心地说："罗瘿公是真正爱重程砚秋的才华，这和无聊的文人寻欢作乐不一样。他是在培植一颗艺术明珠，培养一位有才华的京剧艺术家，使中国京剧后继有人。"

"艺术！艺术家！看你说得多么冠冕堂皇！"蒋碧薇愤愤地说，"你不过是参加捧戏子罢了！"

徐悲鸿难过地感到有什么东西横亘在他们之间，感到在对待艺术和艺术家的态度上，他们有着多么令人难以置信的距离。

梅兰芳的《天女散花》首场演出，轰动了整个北平。一些戏迷大为兴奋，徐悲鸿和罗瘿公更不用说。一天罗瘿公来到徐悲鸿家，让他为梅兰芳画一幅像。

其实，在徐悲鸿初次见到梅兰芳时，梅先生就曾表示，很希望得到徐先生的一幅墨迹。徐悲鸿因没考虑好画什么，故一直没动笔。今天，要求重提，他觉得应该动笔了，他经过一番思考，决定为梅兰芳作一幅《天女散花图》，第二天便投入了创作。

徐悲鸿先到戏院，速写梅兰芳舞台演出形象。接着又到梅兰芳家里拜访。梅兰芳按照徐悲鸿的要求,拿出很多戏装、头饰、剧照等让他观看。他也趁此机会,细细端详梅兰芳的相貌特征,并翻开随身携带的本本,当场勾画出一张又一张速写。

徐悲鸿一旦动笔,几天连续,《天女散花图》一气呵成。这是一帧立轴,长约4尺。画成之后,又在画上题写小诗一首:"花落纷纷下,人凡宁不迷。庄严菩萨相,妙丽貌神姿。"题款是:"戊午暮春为畹华写其风流曼妙,天女散花之影,江南徐悲鸿。"

在这幅中国画上,既有西洋画的写生技法,又有中国画的线条和勾勒,使婉丽多姿的天女栩栩如生。

罗瘿公看后,赞不绝口:"妙笔,妙笔!徐先生真是名不虚传的大师,落笔有神,貌似神似,可称得上是传世之作!"他欣然提笔,在画面上题诗一首:

> 后人欲识梅郎面,
> 无术灵方可驻颜。
> 不有徐生传妙笔,
> 焉知天女在人间。

这幅画由罗瘿公送给了梅兰芳。梅先生如获至宝,欣喜异常,立刻挂在了客厅里,以供来人欣赏。

梅兰芳的《天女散花》引起轰动,徐悲鸿的《天女散花图》也因其栩栩如生、形神兼备,而赢得人们交口称赞,传颂一时。

有一位显赫人物在梅兰芳家看到了《天女散花图》,便朝思暮想,怎样请徐悲鸿为自己画一张像。可他身居要职,不愿登门求画,一怕有失身份,二怕遭到拒绝,想来想去,终于有了主意:宴请徐悲鸿,席间提出请求。

不多天,徐悲鸿果然收到大人物送来的精致请柬,他本想推辞,怎奈蒋碧薇一味催促，他只好作了让步。

徐悲鸿徒步来到大人物的官邸，随着人流走进客厅。西装革履的先生们和浓妆艳抹的女士们，自有招待员奉承接待，签名留念。而徐悲鸿却被人看作某位先生的随从，被冷落一旁，无人理会。

他觉得也无须去通名报姓，便独自坐到一边的沙发上，听着那些人的高谈阔论。大人物这时出现在客厅里，对客人或抱拳，或握手，只见他踌躇满志，至尊至贵，一些客人也极力奉迎。忽然，他发问道："嗯，徐悲鸿怎么还没到？"

这时，梅兰芳先生走进客厅。客厅里的人都一起围上去。徐悲鸿也在一边站起来。梅兰芳一眼就看见了悲鸿，径直走到悲鸿面前，热情地说："徐先生早到了。怎么您在这……"

大人物一愣，不解地望着梅兰芳："梅先生，这位是……"

梅兰芳惊讶地说："怎么，你还不认识？他就是画法研究会的导师徐悲鸿啊！"

那位大人物恍然大悟，连连道歉："失礼，失礼！"

徐悲鸿客气地对大人物说："我本不是来赴宴的，而是对你的盛情表示感谢的。今天家里还有朋友在等我，就不能参加宴会了，请多多包涵。"他又向梅兰芳道歉："梅先生，恕我不能陪您，请原谅！"

说完，徐悲鸿与梅兰芳握握手，便走出宴会大厅。

不久，中国教育部开始向欧洲派遣留学生，名单发表后，竟没有徐悲鸿的名字。徐悲鸿怀着非常失望和气愤的心情给傅增湘先生写信，责备他食言，措辞十分尖锐。信寄出去以后，没有回音。徐悲鸿按捺不住，又去见罗瘿公。

罗瘿公叹息地说："傅增湘部长接到你的信了，他非常生气。"

徐悲鸿仍十分激动地说："傅增湘先生既然不打算派我留学，当日就不该答应我，如果这是出于寻常人之口，当然可以不计较，但傅先生是位读书人，我原以为他不是敷衍我。"

· 61 ·

徐悲鸿没有放弃希望，耐心地等待着。

1918年11月11日，第一次世界大战结束。消息传来，举国欢腾。随后不久，听说中国教育部将继续派遣留学生去欧洲学习。

于是，蔡元培校长写信给傅增湘先生，为徐悲鸿斡旋。傅增湘先生很快复信，表示不食前言。徐悲鸿立即前往教育部，向傅增湘先生致谢。

很多年以后，悲鸿回忆起这段往事，曾慨叹地写道：

我飘零十载，转走千里，求学之难，难至如此。我对黄震之、傅增湘两位先生，是终身感戴其德，而不敢忘记的。

到巴黎进行深造

  1919年3月的一天,天下着小雨,温暖的雨点欢快地洒在宽阔的江面上。嘈杂的人群拥挤在黄浦江码头,一阵阵闹哄哄的声浪使空气变得混浊而凝重。人们撑着五颜六色的雨伞,在依依地送别将要远离的亲友。

  一艘载重7吨的日本轮船即将起程了。24岁的徐悲鸿站在船栏边,向送行的亲友们挥动手臂,蒋碧薇含笑地倚在他的身边,挥舞着一条丝质的手帕,向父母告别。

  徐悲鸿决定带着蒋碧薇一同去巴黎,是经过反复考虑的。因为要靠他一人的留学公费供两人生活,将十分困难和艰苦。

  但是,他希望蒋碧薇到世界艺术的中心巴黎以后,能像他一样,受到浓郁的艺术气氛感染。他甚至还想象出那些举世闻名的、从文艺复兴以来的绘画大师们的杰作,将怎样强烈地震撼他们的心灵。

  他衷心希望,蒋碧薇爱上艺术,投身到艺术事业中来,为提高祖国的文化和艺术而献身。这样,他们不仅是生活上的伴侣,还是志同道合的朋友。正是这个美好的愿望,使徐悲鸿不再回顾过去生活中那些不愉快的争吵,并愿意永远遗忘它们。

  徐悲鸿在船上没有忘记作画,他除了休息、吃饭,便是不停地练写生,把他看到的新鲜事物及各种各样的人物准确地画出来,既收集了素材,也达到了练笔的目的。

  轮船在海上航行了50多天,经太平洋、印度洋,又越过红海及苏伊士运河,于5月初到达伦敦。

  徐悲鸿和蒋碧薇立即参观了著名的大英博物馆。他在博物馆内看到了许许多多日夜渴望见到的艺术珍品,这里陈列了希腊雅典神庙的雕刻。在这些伟大的艺术品面前,徐悲鸿陶醉了。

徐悲鸿又参观了国家画廊,欣赏了凡拉士贵支、康斯太布尔、透纳等艺术大师们的杰作,还参观了皇家画会展览会,见到了英国当代一些画家们的佳作。

在英国停留了一个星期,5月中旬,徐悲鸿渡过英吉利海峡,转乘火车到了巴黎。

在巴黎一住下来,徐悲鸿立刻怀着极大的兴致,和妻子一同去参观卢浮宫。但一些重要的陈列室还关闭着,因为许多著名的杰作都在战时运往安全的地方存放,这时尚未运回。

只有一间陈列室中,挂着达·芬奇的杰作《蒙娜丽莎》《圣母和圣安娜》及其他画家的十余幅画。

徐悲鸿站在这幅久已仰慕的《蒙娜丽莎》前,浮想联翩。这是达·芬奇为德尔·乔空达的夫人蒙娜丽莎所作的带着深沉微笑的肖像。

许多世纪以来,文艺评论家都在徒劳地解释她那隐藏在神秘微笑后面的东西。这幅达·芬奇在佛罗伦萨所作的《蒙娜丽莎》,在他到法国居住时,一直伴随着他,因为他要它永远在自己的眼前,到死为止。

大卫的作品也深深吸引住了徐悲鸿,他崇拜大卫那种纯正严密的画风。在《荷拉斯兄弟之誓》前,徐悲鸿受到强烈的感动。

作品描绘了荷拉斯三兄弟上战场之前,向父亲宣誓,坚决与敌人血战到底、一去不复返的悲壮场面。画面上,父亲手持3支刀箭,神情悲壮,家里其他人坐在一旁,悲痛欲绝。

这幅作品一问世,便引起轰动,也使名不见经传的大卫一举成名。而大卫的另一幅画《加冕式》,则场面庞大,人物众多,形象逼真。

离开卢浮宫,徐悲鸿又参观了沙龙,看到了莫奈、罗朗史、达仰、弗拉孟、莱尔弥特、高尔蒙等前辈画家的作品。

接触了这许多大师们的作品,悲鸿惊叹不已。

他感到无比的快乐、激动、安慰和温暖,也深深体会到,在国内,自己只是以画谋生,而且因常作写意的中国画,所以观察和描写物象都不够精确。为了尽快提高自己的水平,徐悲鸿决定先攻油画。

最初感觉有些困难,两个多月以后,手才渐渐地熟练了起来。

1920年初夏,徐悲鸿以优异的成绩考取国立巴黎高等美术学校,并拜著名教授弗拉孟为师。

弗拉孟是著名的画家,作品流丽自然,尤其精于肖像画。弗拉孟对徐悲鸿的素描功力感到非常诧异,他很看重这个不远万里刻苦求学的中国学生,亲自指导徐悲鸿,不厌其烦。

徐悲鸿虽是官费留学生,但由于中国政府腐败,政局不稳,学费经常拖欠,徐悲鸿和蒋碧薇的生活过得很艰难。为了继续学习,徐悲鸿决定走勤工俭学的路子。自此,他便在一些商店、书店当临时工,或给一些出版社画图书插图。

徐悲鸿上午在学校学习,下午没课,便到叙里昂研究室画模特儿,直至很晚才回家。这时,法国的各个博物馆已陆续开放,许多作品都搬回巴黎,对游人开放展览。

巴黎全市有大小博物馆60多个,几乎遍布各个角落,徐悲鸿利用星期日,到各个博物馆参观。他总是拿着一块面包,带着一壶水,到博物馆去看画、临摹,不到闭馆绝不出来。

在临摹中,他为一些作品的巨大艺术魅力叫好,它们更激起了他的爱国热情。他面对德拉克洛瓦的名作《希阿岛的屠杀》,暗暗发誓说:"我们中国也一定会有具备民族风格的《希阿岛的屠杀》!"

卢浮宫还有许多杰作强烈地吸引他。如籍里柯的《梅杜萨之筏》,描绘了"梅杜萨号"海轮沉没后,剩余船员挤在一只筏子上漂浮，在濒于死亡时，望见远处有一个船影的情景，有欢呼的，有将好消息告诉垂死的同伴的，也有绝望的，还有半浸在海中的死者。

还有库尔贝所作的《画室》。它描绘了作者自己的画室，里面有请来的模特儿和他的朋友，画家自己正在作画。形象结实有力而自然，表现最普通的现实生活，是现实主义的代表作。悲鸿非常喜欢这幅作品。

徐悲鸿的求知欲特别强烈。他每次从博物馆出来，总要经过罗森堡公园和圣杰曼大道，于是顺便溜到塞纳河畔的书摊上去购买些便宜的书画。这就使本不富裕的生活更显得捉襟见肘。

也因为如此，他常常跟妻子蒋碧薇争吵。

有一天，徐悲鸿又拿着几本旧书回来，蒋碧薇满脸不高兴，抱怨道："跟你在一起，永远只能过穷日子。"

徐悲鸿没有说话，他觉得既不能怪罪她，也不能为自己辩解。

蒋碧薇有些生气地说："如果你真有钱，你买多少书画我都不管，但你现在是个穷学生，也该收敛起你那些爱好了。"

徐悲鸿十分不安地望着妻子，倍加亲切地说："我多少次对你说过，我爱画入骨髓，但愿你能谅解，我总是想，你一定能谅解的。"

"我无法理解，现在吃饭都要计划，挑最便宜的菜买，可你却……"

"碧薇，你喜欢音乐，我送你去音乐学院吧！等你真正爱上了音乐，也许你会像我一样入迷，艺术就是如此充满魅力，使人不由自主，甚至忘掉一切。"徐悲鸿尽力劝说着妻子蒋碧薇。

蒋碧薇闻言不再作声了，陷入沉思中，她正在一所初级中学学习，打算初通法文以后，专攻音乐。她又想起了家中的风琴，想起了随身携带的那支箫。

与此同时，在国内发生了轰轰烈烈的五四运动。五四运动强烈激荡着徐悲鸿那颗为祖国而跳动的心。回到家里，他伏案疾书，一气呵成了《中国画改良说》这篇文章。

《中国画改良说》于 1920 年在北京大学《绘学杂志》创刊号上发表，引起极大反响。它使一潭死水的中国画坛，掀起了波澜，也使一些人感到震惊。

徐悲鸿时刻关心着祖国的命运，他经常与中国留学生共同研讨中国的前途，相互交流来自祖国的革命信息。

他也结识了一批很有事业心的留学生。徐悲鸿先后认识了杨仲子、谢寿康、沈宜甲、盛成、曾觉之等人。杨仲子先生聪敏过人，专攻音乐，又精于书画篆刻。徐悲鸿所用的许多印章，大都出自杨仲子之手。他回国后，曾担任国立音乐学院院长。

沈宜甲先生专攻化学，回国后曾创办化学工厂，并从事研究工作。

盛成先生是悲鸿在复旦大学的同学，他在巴黎用法文写作的《我的母亲》一书，受到法国文化界推崇，随后他又将《老残游记》翻译成法文。

谢寿康先生回国后曾担任南京中央大学文学院院长。曾觉之先生长期担任北京大学教授，并翻译了一些法文著作。同一时期，徐悲鸿还认识了赴法勤工俭学的周恩来和何长工。年轻的周恩来当时就已显露出杰出的无产阶级革命家的才智和锋芒。

1920 年初冬的一个星期天，法国著名雕刻家唐泼特夫妇举行茶会，徐悲鸿应邀参加。

与会的都是法国当代的文化名人。唐泼特夫人特别为徐悲鸿介绍达仰·布佛莱先生说："这是我国当代最伟大的画家。"

徐悲鸿对达仰先生的作品非常崇拜。达仰先生的名作《林中》《降福的面包》《征兵者》《玛甘泪》《穷祸》《摄影人家之婚礼》《种牛痘》等，都以极其严谨、娴熟、精练的艺术语言，抒写了人物的精神面貌，深刻感人。

现在，达仰先生就站在他的面前，慈祥、平和，丝毫没有倨傲的神色,这使徐悲鸿从心底涌起一股亲切而尊敬的感情。

"达仰先生,认识您太叫人高兴了!"徐悲鸿紧紧握住达仰先生的手,并在达仰先生的身边坐下。他告诉达仰先生,有一天他路过一家美术商店,被达仰的一幅油画吸引住了。他在这幅画前停留了足足有一个多小时。今天,他做梦也没想到,会在这里见到仰慕已久的大师。

达仰先生用那双炯炯发光的眼睛注视着这个来自遥远中国的青年,从他那朴素无华的言辞和衣着上,感觉到这一定是一位诚恳而努力的学生。

达仰没有看错,因为数十年来从事创作的经验,使他能以敏锐的目光洞察人的心灵。他立即将自己画室的地址给了悲鸿,嘱咐悲鸿每星期天的早晨到他的画室里去。

打这以后,徐悲鸿每逢星期日都到达仰先生的画室去面聆教诲。达仰先生在艺术上、生活上,都给了他很大的影响和帮助。

达仰先生是一个很勤谨的人,在成了大名的晚年,即使是星期天,也依旧从清晨就到画室作画。

达仰见到徐悲鸿,立即现出非常喜悦的神情,引导徐悲鸿观看了那些挂在墙上的作品和一些素描、速写散稿。徐悲鸿看了达仰的作品,深深感到达仰先生功力深厚,他的画笔真是妙尽精微,所有的人物肖像画都栩栩如生,如《福尔德姑娘像》,真有呼之欲出之感。

这位当时已届68岁的达仰先生兴致勃勃地向徐悲鸿谈起他年轻时的往事。他说:"我17岁时当柯罗的学生。柯罗教我要诚,要自信,不要舍弃真理以徇人。我始终信守柯罗的教导,50余年来,未敢忘却。"

他微笑着,继续说道:"你既然来我国求学,我首先应当把柯罗的嘉言送给你。"

"达仰先生,我一定把您的话铭记在心。"徐悲鸿感动地说,"我国有句古语：'精诚所至，金石为开。'您说的'诚'，一定是这个意思吧？"

达仰先生大声地笑起来："对！你说得很好，无论做什么事情，都要专心致志，全力以赴，同时，还要有达到目的的信心，要自信，绝不能自馁。"

达仰先生很欣赏徐悲鸿的聪慧，愿意和他交谈。达仰先生仔细地一张一张地看徐悲鸿的习作，十分嘉奖徐悲鸿的努力。达仰先生勉励他说："学画是件非常艰苦的事，希望你不要趋慕浮夸，不要甘于微小的成就。"

他嘱咐徐悲鸿："每画完一幅画，都要精心地研究，记住其特征，找出差距，知其不足。只有这样，才能进步，才能发展。"

徐悲鸿把达仰的话记在心里，并遵照去做，果然进步很快。

徐悲鸿在巴黎高等美术学校校长弗拉孟先生的班上学习，以优秀的成绩，很快由素描班升入油画班。但是，使他苦恼的是没有钱购买油画工具和颜料。于是只好又从十分贫乏的生活费用中挤出钱来，每餐又只能以一杯白开水和两片面包充饥。

这样，才逐渐积攒了一笔钱。他第一次画油画人体，便受到弗拉孟的称赞，后来，每次考试都名列前茅。

当时，巴黎高等美术学校下午都没有课，徐悲鸿便去一所私立的美术研究所画模特儿。这个研究所只要买门票便可以进去，每次门票是一个法郎。

回家时，悲鸿常绕道去塞纳河畔，在那里的书摊上浏览书籍图片。他把一天的时间排得满满的。他也常常去马场画速写，并精研马的解剖，积稿盈千。这为他后来创作各种姿态的马，如立马、饮马、奔马、群马，打下了良好的基础。

一个星期天的晚上，徐悲鸿从达仰先生处出来，遇到一个衣着考究、似曾相识的外国学生，他带着酒气说："徐先生，又到哪里造就一番啦？哼，你们中国人是天生愚昧，即使让达·芬奇亲自把着你们的手画，也不会画出什么像样的东西来！"

徐悲鸿被激怒了，他涨红了脸，说："先生，我不知你是以酒装疯还是以酒壮胆，对我个人，你说什么我都不计较，但我不允许你侮辱我的祖国和我的同胞！既然说起学画，那么我也要为中国人争口气，你我各自代表自己的祖国，我们比试比试，等学业结束时，看一看谁有所成就，谁是蠢材！"

徐悲鸿憋足了劲，好似一匹不知疲倦的千里马，努力拼搏，在为中华民族奋斗的大道上奔腾着，永不停息。徐悲鸿正是怀着为中华民族争光的豪情壮志，勤奋学画，进取不已。达仰先生把徐悲鸿看作得意门生，把自己收藏的全部美术名作拿出来让他观摩、临摹。

达仰先生从素描、解剖、透视、美术史诸方面对徐悲鸿加以指导，他常常掩饰不住自己内心的喜悦，对朋友们说："我不喜欢夸奖学生，而是严格要求，但这个徐悲鸿，他将会成为世界画坛上的一颗新星！"

徐悲鸿苦心钻研世界各名家的作品和画理，将中西画法熔为一炉。终于，在1924年的时候，他迎来了收获的季节。

1924年，徐悲鸿在巴黎举办了个人画展，他的油画作品《远闻》《悟望》《箫声》《琴课》等以其对人物性格出神入微、栩栩如生的刻画，引起巴黎画界的强烈反响。他用作品向世界宣告：中国人也是可以造就的，中国是有各种人才的！

那个曾经向徐悲鸿挑衅的外国学生看过展览后，对徐悲鸿说："徐先生，你是胜利者，用中国话说，我有眼不识泰山。"

徐悲鸿淡淡一笑："先生，我可不是泰山。不过，我的祖国有座泰山！"

终于回到了祖国

1921年春,巴黎举办规模盛大的全国美术展览,陈列法国当代许多名家作品。开幕的那天,徐悲鸿从早至晚流连在会场,仔细观摩、比较,从早晨至黄昏,竟未进饮食。他完全忘记了饥饿,直至走出会场,才发现外面飘着纷纷扬扬的大雪。

一阵凛冽的寒风向他袭来,他打了一个寒战,由于没有大衣,他浑身不由自主地哆嗦起来。这时,他才突然感到饥饿难忍,只好迎着风雪,急步往家走去。

途中,他忽然腹痛如绞,慌忙停步靠在路边的墙上,才没有摔在雪地里。原来,由于饥饿和寒冷的袭击,他的肠子激烈地痉挛起来,产生了强烈的痛楚。

从此,徐悲鸿患了终身未愈的肠痉挛症。病发时,强烈的疼痛使他难熬难忍,面颊和嘴唇都因此失去血色,变成可怕的苍白,但他仍强迫自己作画。他曾在当时所作的一幅素描上写道:"人览吾画,焉知吾之为此乃痛不可支也。"

1921年夏天,徐悲鸿的腹痛病更加严重了。而国内由于政局动荡,中断了留学生的学费。在贫病交迫下,他只好去柏林。因为战后的德国通货膨胀,马克贬值,同样数目的法郎,在德国可增值数倍。

在柏林,徐悲鸿常去的地方就是动物园和博物馆。

对艺术的追求,常常使徐悲鸿不顾一切。他一进动物园就是一天,不到闭园,他是不会离去的。就像在法国马场画马时一样,他精细地观察狮子站、卧、走、跃的各种姿态,仔细地研究狮子的身体结构,一丝不苟地画狮子的速写。

有时，他长时间站在那里观察，那种专注、凝神的样子，游客们还以为他中了什么魔呢！为了观察狮子一天的生活规律，他到了吃饭的时间也舍不得离开。

一整天饥肠辘辘，肚子"咕咕"叫着，他便做一次深呼吸，仍然眼不离狮子，手不离画笔。饲养员来了，给狮子喂食物，狮子那津津有味的咀嚼声，强烈地刺激和诱惑着一天没有吃饭的徐悲鸿，饥饿的感觉更加难以忍受了。

然而，已经将全部心力倾注到狮子身上的徐悲鸿，两只炯炯发亮的眼睛仍在捕捉着这只猛兽吞食时的动作特点，手中的画笔在不停地画着。

功夫不负苦心人。后来，就如同他画马一样，凭记忆就能将狮子的各种动态默画出来，创作了不少以狮子为题材的作品。

柏林美术学院院长康普先生是绘画名家，作品有着日耳曼民族庄重、凝练的风格。徐悲鸿久仰其大名，一到柏林，他安顿了住处，就去拜访。

康普先生热情地对他说："中国文化艺术历史悠久，如今又有像你这样勇于献身祖国艺术事业的年轻人，使我看到中国艺术复兴的曙光！"

又一次，康普先生在看了徐悲鸿的素描后称赞道："很好。你若能擅长素描，绘画时就能够得心应手。"

徐悲鸿在柏林将近两年，不论寒暑，每天作画都达10小时以上。当时，他最喜爱伦勃朗的画，便去博物馆临摹。每天从晨至暮，一口气临摹10小时，既不吃饭，也不喝水。特别在临摹伦勃朗的《第二夫人像》时，他下了很深的功夫，觉得略有收获，但却不能用在自己的作品上，于是更加努力。

散尼广场附近的康德街，居住着很多中国侨民和一些中国留学生，徐悲鸿就住在这条街一间房价便宜的平房里。

他常和中国留学生宗白华相伴到一家中国饭馆去吃盖浇饭和辣子炒肉丁，常常辣得他额头上沁出汗珠，但却不住地说："还是中国菜好吃！"

柏林的美术印刷品颇为精致，价钱也相对便宜。徐悲鸿觉得这是难得的好机会，他节衣缩食，尽力选购一些。特别叫他高兴的是有些油画原作，也能用很低的价买下来。一段时间后，他的斗室居然上上下下摆满了他所喜爱的艺术品和艺术典籍。

蒋碧薇却坐在一旁，愁眉不展。她沉重地叹着气："唉！我看你简直是发疯了！"

宗白华开玩笑说："我帮你租的这间房子，真成了书房啦，书可不能当饭吃啊！"

有一天，徐悲鸿走进一家画店，无意中发现一些名作真品在此出售，其中有一幅康普的油画《包厢》，标价便宜得使他以为看花了眼，他动心了，心想祖国对于西方绘画艺术还很少了解，如果把这些原作买回去，对于将来祖国创办美术馆，发展中国的艺术事业，将是多大贡献啊！

可是，他此时身无分文，急得抓耳挠腮，生怕画被别人买走。他急中生智：找大使馆去。

徐悲鸿踌躇再三，心中很想去向中国驻德国的大使请求帮助，又怕遭到拒绝。但想到坐失良机，将是终身遗憾，于是辗转反侧，终宵不眠。

第二天清晨，徐悲鸿鼓起勇气来到中国大使馆。大使先生在那富丽堂皇的客厅里接待了他。徐悲鸿开门见山地说明了来意，并且极力称赞那些作品如何佳妙，作者如何著名，价格折合外币如何便宜，请大使先生借钱给他买下。

为了取得大使先生的信任，徐悲鸿还提出，可以先将那些作品挂在中国使馆，等待借款归还以后，再来领取。谁知那大使顿时脸就拉长了,操着湖北口音,拉腔拉调,先夸徐悲鸿的雄心大志,而后却托词拒绝了。

徐悲鸿像被泼了一盆凉水,只好怏怏地离开使馆,去找留德的同学宗白华和孟心如等人商量。同学们终于凑了一笔钱借给悲鸿,买下了康普两幅油画。一幅是《包厢》,描写剧院包厢的观众,另一幅是人物肖像,都是康普的精心之作。

1922年初春,国内继续供给留学生学费,可以使徐悲鸿很快能回到巴黎去,继续学业;接着,巴黎一家书店和一家画店几乎同时给徐悲鸿寄来了稿费,加起来将近1000法郎。

在柏林,徐悲鸿结识的几位朋友是非同寻常的。他除认识了中国留学生宗白华外,还认识了朱家骅、俞大维等人。

也是在柏林,有一位在伦敦学习美术的中国学生张道藩,正在那里旅游,特地访问了徐悲鸿,对徐悲鸿表示钦慕。不久,他又去到巴黎学画。

这位来自贵州、举止阔绰的花花公子无心学习,他仰慕的只是欧洲的物质文明,留学只不过是为了镀金。因此,他在绘画上一无所得,也一无所成。

徐悲鸿重又回到巴黎国立高等美术学校上课。这时校长弗拉孟先生已逝世,信难尔先生继任校长。每逢星期天的早晨,徐悲鸿仍去达仰先生的画室里受教。

达仰先生认真、仔细地检视了徐悲鸿在柏林所作的速写、素描和油画,十分称赞。但是他仍以坚定的语气说:"你必须再继续画严格的、精确的素描。油绘人体时,必须分细部研究,务必体会那些精微的东西,不要追求爽利夺目的笔触。"

这一年,法国举行全国美展,徐悲鸿在柏林所作的油画《老妇》入选,在展览会上获得好评。

1925年秋,徐悲鸿带着蔡元培先生的两封信,只身登上了开往新加坡的海轮，踏上了回国的万里旅途。

徐悲鸿在新加坡作了短暂停留，结识了一些爱国华侨，对陈嘉庚先生尤为景仰。徐悲鸿便为他画了一幅油画像。陈嘉庚先生以2500元现洋赠送徐悲鸿。

为了报谢陈嘉庚先生，徐悲鸿又画了马克思和托尔斯泰的油画像，赠给陈嘉庚先生所办的厦门大学。

徐悲鸿还为新加坡其他华侨领袖画了肖像，尽管有时挥汗如雨，但终于得到一笔数目不小的款子，足够他和妻子在巴黎生活几年。但是，悲鸿没有即刻返回巴黎。他心念着阔别了6年的祖国，便由新加坡匆匆回到上海。

徐悲鸿从巴黎学成回国，一踏上祖国大地，当时的《上海时报》就在显要版面作了报道。上海依旧是半封建半殖民地的城市，也依旧是穷人的地狱，富人的天堂。国内仍处于以帝国主义为后台的军阀割据下，政治黑暗，民不聊生。这一切又一次加深了悲鸿从少年时代就萌发了的忧国忧民之感。

凭徐悲鸿当时的名气和创作能力，他躲进画室，专门从事美术创作也未尝不可。但他不是目光短浅和只为自己打算的人。他想到自己年幼时的坎坷遭遇，特别是学艺之难的种种经历，想到了祖国的未来，决心要致力于画坛新人的培养，他认为那才是他第一位的工作。

徐悲鸿去访问了田汉。这位热情的作家和徐悲鸿一见如故。他们开怀畅谈，针砭时弊，发着感慨，如同多年的老友一样。他们的友谊从此开始，终身未衰。

田汉当时为徐悲鸿举行了"消寒会"，介绍徐悲鸿和上海文艺界人士郭沫若等人见面。

徐悲鸿还去看望了康有为先生和黄震之先生，并为他们作了油画肖像，以表示对他们的感谢。

徐悲鸿在上海逗留了3个月。

正是暮春三月，江南草长的时节，徐悲鸿又离开上海，起程前往巴黎。遥远的路程，分别半年多的思念，使徐悲鸿急切地盼望看到妻子。但是，容光焕发的蒋碧薇，见到徐悲鸿的第一句话便是询问："你带回了多少钱？"

徐悲鸿如实地告诉她，在新加坡挣的钱不少，但在上海又买了一些书籍、字画，剩下的虽不多，但也足够他们在巴黎生活一年。于是愤怒、埋怨、责备便像潮水一样向徐悲鸿扑来。

徐悲鸿依旧是耐心地告诉蒋碧薇："我爱画入骨髓，永远也改不了，愿你能谅解。"

"你太使我失望了，我原以为有那样多卖画的钱，我们把它存入银行，可以好好在国外生活些年，可你……你还把在上海买的那些书籍字画都留在国内，也不带点出来！难道你打算很快回去不成？"蒋碧薇的声音里带着呜咽。

"我当然希望很快回去。我是为了振兴祖国，给祖国争气才出来留学的。"悲鸿开始激动起来，"我这次回到上海，见到国内的情况日非一日，更感到肩上的责任沉重。我急切地盼望学成归国，为自己的国家干一番事业。"

回到巴黎后，徐悲鸿决定归国了。他在欧洲学习已8年，刻苦的攻读使他获得精湛的写生技法和广博的艺术知识。

1927年4月，徐悲鸿满载着他那满箱满包的书画，向车站走去。这些书画不仅有他节衣缩食买来的，还有他自己的许多习作和作品，以及他临摹的许多油画，如德洛克洛瓦的《希阿岛的屠杀》、普吕东的《公理与复仇在追赶凶手》、约尔丹的《丰盛》、伦勃朗的《第二夫人像》等。

纵笔驰骋

人到了山穷水尽的地步,而能够自拔,才不算懦弱!

——徐悲鸿

推动画坛的革新

在回国的船上，徐悲鸿遇到了在法国取得国家科学博士学位的物理学家严济慈先生。徐悲鸿十分钦佩这位以科学论文震动了法国的中国科学家，当即欣然为他画了一幅素描肖像，并用法文在旁边题写了"科学之光"。

徐悲鸿先在新加坡上岸，又为华侨画像，筹得了足够在上海赁屋安家的一笔费用，才从新加坡乘船返回上海。

徐悲鸿终于又一次远远地望见了黄浦江，望见了祖国。他的心猛烈地跳动起来，带着重归祖国的喜悦，他计划要开创一番事业！一定要使中国美术发扬光大，使它在世界艺术的宝库中重新闪耀绚丽的光彩，以提高我们国家的威望，为中国人民争气。这是他多年以来的愿望，现在，就要变为现实了，他将立刻投进祖国的怀抱，挑起这副重担。

为了革新艺术，推行艺术要为民众服务的主张，徐悲鸿同田汉、欧阳予倩一起，在南国社的底子上，办了南国艺术学院。

田汉起初竭力想要恢复的上海艺术大学，遭到和国民党当局暗通款曲的法国巡捕房的封闭。这不仅是因为艺大拖欠了房租，更重要的是因为艺大有共产党员。

不屈不挠的田汉决定另起炉灶，筹办南国艺术学院。徐悲鸿积极地支持和赞助他，义务担任"南国"的美术系主任。

南国艺术学院的校舍是租来的，校址在法租界爱威斯路371弄，即现在的永嘉路。由于经费困难，教师不多，执教的只有洪深、欧阳予倩等人。美术系学生中有吴作人、刘汝醴、刘艺斯等人，戏剧系学生有陈白尘、金焰、郑君里、塞克、左明、赵铭彝、马宁等人。为了减少开支，学校的事务都由同学担任，全院没有一个职工。

徐悲鸿担任南国艺术学院美术系主任后，将自己的美术书籍、图片都搬到学校，听任学生们自由翻阅。他还将自己的画具也搬到"南国"。

因为霞飞坊家中的房子太窄，而"南国"给了他一间宽敞的画室。于是，徐悲鸿每天都在"南国"教课和作画。

徐悲鸿在教学中，对学生进行了极为严格的素描训练，他认为素描是一切造型艺术的基础，必须通过严格的素描训练，学生才能初步掌握写生的能力和造型的规律。

徐悲鸿在素描教学中要求高度的准确，不允许有一线之差。他也强调提炼、取舍、概括。注重体积、结构、质感和空间感。要求学生们"但取简约，以求大和，不尚琐碎，失之微细"，既要"致广大"，也要"尽精微"，以表现对象的特征和实质。

在教学的同时，他开始了巨幅油画《田横五百士》的构思和创作。

《田横五百士》取材于《史记》。据《史记》记载，田横是齐国的后裔，陈胜、吴广起义抗秦后，四方豪杰纷纷响应，田横一家也是抗秦的部队之一。

汉高祖消灭群雄，统一天下后，田横不顾齐国灭亡，同他的战友500人仍困守在一个孤岛上。汉高祖听说田横很得人心，担心日后为患，便下诏令说：如果田横来投降，便可封王或侯；如果不来，便派兵去把岛上的人通通消灭掉。

田横为了保存岛上500人的生命，便带了两个部下，离开海岛，向汉高祖的京城进发。但到了离京城30里的地方，田横便自刎而死，遗嘱同行的两个部下拿他的头去见汉高祖，表示自己不受投降的屈辱，也保全了岛上500人的生命。

汉高祖用王礼葬他，并封那两个部下做都尉，但那两个部下在埋葬田横时，也自杀在田横的墓穴中。汉高祖派人去招降岛上的500人，但他们听到田横自刎，便都蹈海而死。

司马迁感慨地写道：

田横之高节，宾客慕义而从横死，岂非至贤！

司马迁推崇的是田横能得人心和不屈的高风亮节。

当时，徐悲鸿痛恨国民党的腐败和帝国主义的侵略，而有一些人却为了个人名利，趋炎附势于国民党和洋人，毫无气节。徐悲鸿读到司马迁写的这篇列传时，抚今追昔，感触极深。

徐悲鸿觉得这种气节实在是了不起，在民族存亡的关头，正是需要这种气节。

他选取了田横与500壮士诀别的场面，着重刻画了不屈的激情。田横面容肃穆地拱手向岛上的壮士们告别，他那双炯炯的眼睛里没有凄婉、悲伤，而是闪着凝重、坚毅、自信的光芒。

壮士中有人沉默，有人忧伤，也有人表示愤怒和反对他离去，那个病了腿的人正在急急向前，好像要阻止田横去咸阳。整鞍待发的马站在一旁，不安地扭动着头颈，浓重的白云沉郁地低垂着。整个画面呈现了强烈的悲剧气氛，表现出富贵不淫、威武不屈的鲜明主题。

要进行这幅高198厘米、宽355厘米的大画创作，徐悲鸿必须全力以赴，画面上的每个人物都有模特儿，都画了精确的素描稿，然后才绘到画布上去。

除了教课，他就置身于"南国艺术学院"的这间画室里，沉浸在创作的热情中，每天工作到很晚才能回家。这幅作品从1928年开始创作，至1930年才完成，历时两年多。然而，这两年多的经历又是何等的艰难！

刚刚开始构思不久，南京中央大学艺术系也来聘请徐悲鸿担任教授。徐悲鸿当即提出，以不能辞去"南国"的教职为条件。中央大学表示同意。

于是，徐悲鸿半个月在"南国"教课，半个月去南京中央大学教课。从此，悲鸿在创作《田横五百士》的同时，大量时间都风尘仆仆地往返于京沪道上。

从此以后，中央大学的艺术系画室里就出现了教授徐悲鸿先生。他教学生作画严肃认真，特别注意观察学生在作画过程中的缺点和一些不良倾向。

徐悲鸿在1916年离开家乡屺亭桥镇，10多年来他一直都是东奔西跑，一直也没有顾得上回去。这次从欧洲回来之后，母亲以及其他的亲友都盼望他回去瞧瞧。恰巧，徐悲鸿要到宜兴县去办事，他便携带着妻子乘机回到屺亭桥镇。

在国外8年，家乡的一切常常闯进徐悲鸿的梦中。在巴黎时，多少次在塞纳河畔，他黯然记起了故乡门前的那条河，还有那辛勤操劳的母亲和从小就在生活中挣扎的弟妹们，这一切常常牵动他的心。

如今，他回来了。那永远奔腾不息的河流，那脉脉含情的小屋，那屋前屋后的树木，都依然如故，只是弟、妹都长大了，母亲也显得衰老了。她白发如霜，脸上纵横的皱纹里包含着多少的艰苦和忧虑！

但是，她的眼睛里却闪烁着照人的光彩，这是看到远方的儿子胜利归来的母亲才有的那种幸福、安慰、欢欣交融在一起的光彩。她依旧是那样温顺地微笑着，仿佛依旧害怕幸福会突然从她眼前飞走。

那些可爱的乡亲们，那些曾是他童年时的小伙伴，都热烈地围在他身边。他们都是朴实的农民和小手工业者，脸上挂着憨厚的笑容，大声地对徐悲鸿说着乡音浓浓的话语。徐悲鸿沉醉在这些亲切的感情中，他的心好像在温暖的波浪上浮游。

突然"砰！"的一声尖厉的枪响，接着"砰！"又是一声，有人大声地喊道:"强盗来了!强盗来了!"

人们急速地向各处逃跑。徐悲鸿被一双粗大的手牵住,迅速钻进了一个谷仓,这时他才看清牵他手的是童年时的一个朋友。

蒋碧薇吓得面无血色,还是老母亲机智沉着,她一手拉起徐悲鸿的

小儿子,一手拽着蒋碧薇和小姑子一起躲避在了田野里的稻草堆里。

强盗们闹腾过以后,蒋碧薇从稻草堆里爬了出来,气愤又担忧地催促着徐悲鸿立刻收拾东西。

徐悲鸿只好十分遗憾地向母亲和几个妹妹告别,离开了已然阔别多年的屺亭桥镇。

从家乡回到上海,徐悲鸿的心情变得抑郁了。贫困的农村和上海畸形的繁荣构成了强烈的对比。大革命失败后,反动派加紧了和帝国主义的勾结,政治上一片黑暗。

而反映在艺术上,是那些资产阶级没落的抽象派、未来派、野兽派等形式主义绘画更加泛滥,它们完全脱离现实。国画则以模仿古人为能事,陷于复古主义,奄奄一息。

处在这样的逆流里,徐悲鸿如果选择一条平坦的道路,那么,他可以随波逐流。但是,他没有这样,也不可能这样!他的爱国心和强烈的责任感使他挺身而出,充当了中流砥柱。

他严厉地抨击了那些狂妄、荒诞、脱离真实的形式主义新派绘画,提倡艺术应当追求真实,追求智慧,追求真理。他希望以写实主

义作为开端。同时，他在教学和创作中都坚定不移地贯彻自己的主张。然而，他的家，这个使他无限烦恼的家，却无情地羁绊着他。妻子蒋碧薇永远也难以和他达成共识，一直不能融入到艺术绘画当中来。

不久，在蒋碧薇的主持下，徐悲鸿移居南京，搬进了丹凤街中央大学的宿舍。这幢两层的旧式楼房里住了中央大学的4名教授。

徐悲鸿分得4个房间，蒋碧薇的父母仍和徐悲鸿住在一起。中央大学艺术系还给徐悲鸿预备了两个房间，作为他的画室。中央大学给他的薪金是每月300元现洋。

优厚的待遇，安定的生活，使蒋碧薇感到满意。但是，她绝没有想到，她是怎样粗暴地伤害了徐悲鸿的感情。徐悲鸿很不满意这种生活。他心里深深地怀念着田汉，怀念着南国艺术学院和南国社的同人。他像离群的马一样，常常在心里发出悲哀的嘶鸣。

1929年9月，由于蔡元培先生推荐，徐悲鸿受聘担任北平艺术学院院长。刚刚从福州回到南京的徐悲鸿，立刻只身赶赴北平。

这个五四运动的发源地，这个充满文化气息的古城，曾经给了徐悲鸿多少诱惑和希望！现在，他又站在天安门的城楼下，倾听着历史的回音，感到心潮澎湃。

从1919年离开北平，到现在已经10年过去了。尽管许多先行者为人民的利益献出了生命，但是，北平从政治上到学术上，都仍如10年前那样反动、腐朽、落后。

徐悲鸿胸有成竹地走进北平艺术学院。当天，就向全院师生员工发表就职演说：

> 我此次来北平赴任，其目的是为了反对保守、革新美术教育。第一要改革的是学生的观念。
>
> 北平艺术学院的学生当以研究艺术，为发展祖国的艺术

开辟道路为天职,不应把本院看作是升官发财之阶梯。学院应是"网罗众家之学府",不应以势压人,排斥、甚至打击不同的艺术派别。我诚恳希望一切有志于中华民族艺术事业的先生们、学生们,都振作起精神,尽力发挥自己的才能,为振兴中华民族之艺术事业竭尽全力、奋斗不息。

徐悲鸿号召学习西方一些优秀的技法,使之和中国民族绘画的优秀传统相结合,创造出新颖的、有真感、有生气的中国画。

在用人方面,他也不墨守成规。当他发现齐白石在中国画方面的高深造诣后,亲自去拜访了这位当时处境十分孤立的老画家,并决定聘请齐白石先生担任北平艺术学院教授。

齐白石先生是木匠出身,当时已届67岁的高龄。他的作品不仅体现了中国画高度提炼和概括的特点,而且饶有生气。他通过对生活的反复观察,画出了那些栩栩如生的虾和螃蟹,闷闷鸣叫的青蛙,飞翔在残荷上的蜻蜓,惹人喜爱的小鸡,有浓郁乡土气息的山水……

他的作品既有浓厚的民族特色,又不落古人窠臼,在当时以模仿古人为能事的国画界,如同一枝奇花异卉,引起悲鸿的欣赏和赞叹。

齐白石50多岁来到北平,寄住在法源寺内,以卖画为生。

他的画有着崭新的艺术风格,但这里容不得他这耿直的人。他们唾骂齐白石是"胸无点墨"的"臭木匠";讥刺齐白石的画是"背叛祖宗"的"邪恶之作","绝不能登大雅之堂"等。

齐白石的画作,论艺术性,要比北平许多所谓名家之作好得多。可论价钱,却比三流画家还便宜一半,而且还不易卖出去。落魄到这种地步,可见他的处境之艰难。

一次,在一个场合齐白石被人冷落,恰被梅兰芳发现,便上前和他搭话,方使他心中得以安慰。齐白石感激万分,还特意画了一幅《雪中送炭图》赠送梅先生,并在画上题句:"而今沦落性安市,幸有梅郎识姓名。"可是,梅兰芳难以改变他在北平画坛被人歧视的地位。

齐白石认识了艺术颇有造诣的陈师曾,陈师曾对他的画较为推崇。然而不幸的是,陈师曾在1922年就去世了。在冷嘲热讽中,齐白石觉得自己命运多舛、道路坎坷,而今已近花甲之年,仍是怀才不遇,常常伤感不已。

在西单跨车胡同齐白石先生的画室里,30多岁的徐悲鸿和60多岁的白石先生竟一见如故。他们谈画,谈诗,谈文章,谈篆刻,各抒己见,彼此有许多相同的看法。

然而,当徐悲鸿提出聘请白石先生担任北平艺术学院教授时,他却婉言辞谢了。过了几天,徐悲鸿再去拜访白石先生,重提此事,又被白石先生谢绝。徐悲鸿没有灰心,第三次又去邀请。

齐白石先生被深深地感动了。他坦率地告诉悲鸿:"徐先生,我不是不愿意,是因为我从来没有进过洋学堂,更没有在学堂里教过书。连小学、中学都没有教过,如何能教大学呢?遇上学生调皮捣乱,我这样大岁数了,摔一个跟头就爬不起来啦!"

徐悲鸿告诉齐白石先生,不需他讲课,只要他在课堂上给学生作画示范便可。并说:"我一定在旁边陪着你上课。冬天,给你生个炉子,夏天,给你安一台电扇,不会使你不舒服。"

于是,白石先生答应试一试。

这是一个晴朗的早晨,徐悲鸿高高兴兴地登上马车,把齐白石从家中接到学院。齐白石走上讲坛讲课的时候,徐悲鸿一直陪伴着他,并抬手挽袖为他理纸研墨,看他为学生示范作画。

然后,悲鸿又坐了马车送白石先生回家。那匹瘦弱的马和那位懒洋洋的马车夫仿佛也感染了他们的欢乐,马车轻快地奔驰起来。

到了跨车胡同齐白石先生家门口,徐悲鸿搀扶齐白石先生下了马车。齐白石先生用激动得有点发抖的声音对徐悲鸿说:"徐先生,你真好，没有骗我，我以后可以在大学里教书了。我应当拜谢你。"

话音未落，他便双膝下屈。徐悲鸿慌忙扶住了白石先生，泪水涌到了眼眶里。从此，这两位在后世享有盛名的艺术巨匠便成了莫逆之交，他们的友谊终生不渝。

徐悲鸿长于画马，尤擅画奔马。他爱绘画人才，犹如识千里马。他宁损己业，不惜为之奔忙。他为齐白石铺垫路基石子，为齐白石拦挡唇枪舌剑，使齐白石更能为世人所知、所识。他准备为齐白石出个画册。

但是，20世纪20年代的北平，在艺术上也和政治上一样，极为落后和顽固，对徐悲鸿的一些革新中国画的主张，保守派不仅不能接受，而且十分嚣张地破坏和反对，就连聘请齐白石担任教授一事，也成为众矢之的，引起顽固分子的非难。

徐悲鸿革新绘画艺术、推崇齐白石的种种言行举止，触动了北平画坛的保守势力，一些人咒骂徐悲鸿"标新立异，大逆不道"！徐悲鸿昂首挺胸，毫不妥协。使一些人感到突然的是，3个月后，徐悲鸿毅然宣布辞职。

徐悲鸿南归以后，和齐白石先生书信往返不绝。齐白石先生每有佳作，必寄徐悲鸿，徐悲鸿便按齐白石先生的笔单，将稿酬寄去。那时，正是齐白石先生精力旺盛、创作最成熟的时期，徐悲鸿购藏他的佳作极多。

当时，齐白石先生还未正式出过画集，只是为了赠送亲友，自己花钱用石印印了200本画集。徐悲鸿为了向更多的人介绍齐白石先生的艺术成就，向中华书局推荐出版齐白石画集。

中华书局主要负责人之一的舒新城先生是位博学多才，又很重道义的有识之士，对徐悲鸿的主张一向是支持的，便慨然允诺。于是，由徐悲鸿亲自编辑，亲自撰写序言，正式出版了齐白石的第一部画集。

一次，徐悲鸿和田汉一起看学生们的作品。

看着，看着，徐悲鸿突然止住缓行的脚步说："这幅石膏人头习作画得蛮好呀！"徐悲鸿伸手拿起画又看了一番，回头对田汉说："作者看来不凡，是个人才，能不能把他找来，我想见见他。"

在场的一些老师一看名字，见是入学不久的吴作人的作业，便很有些不以为然。徐悲鸿觉察到了，笑着说："这个学生确实有非凡的观察力和创作力。诸位先生都知道，初学素描的通病是容易'谨毛而失貌'，这张画非但没有这个通病，且对所画对象有所感受，初具'致广大，尽精微'之感。这幅习作中孕育着创作的能力。"

吴作人被找来了，他给徐悲鸿敬了个礼后，便怯生生地退后一步站着。徐悲鸿笑着询问了他的年龄、家庭情况，热情鼓励他说："你在艺术上颇有天赋，目前需要在基本功上下功夫，着重注意明暗交界线和结构部位的刻画。"

临分手时，徐悲鸿希望他多观察、多思索、多练习，要树雄心，成为一名真正的爱国画家。然后从口袋里掏出一张名片，交给吴作人说："我很乐意同你交个朋友，继续谈谈。倘若你愿意的话，可以照着上面的地址，星期日上午到家里来，我等着你。"

这样，每周的星期天，徐悲鸿都会向吴作人继续授课。

徐悲鸿把自己珍藏的中外名作、画片资料，拿出来让吴作人观摩，并一一加以介绍，使吴作人大开眼界，惊叹不已。

徐悲鸿说："画家要'虚己心，察万变之象'，先深知造化而后方能使役造化。这样才能使自己的作品不至于距离生活太远。"

不久，上海艺大部分学生转到了以徐悲鸿为主任的南国艺术学院美术系。从此，吴作人不仅能经常听到徐悲鸿讲课，课外也经常得到徐先生的指点。星期天，他还经常出入徐悲鸿的家门，渐渐成了徐悲鸿的得意学生。

徐悲鸿回到南京以后，继续担任中央大学艺术系教授。但在艺术系旁听的吴作人等人却遭到了学校当局的驱逐,原因是他们接触了一些左派人物,学校怀疑他们有不轨活动。

吴作人十分焦急地来找悲鸿:"徐先生,中央大学已经明令赶我们走,事情无可挽回,怎么办呢?"

发生了这件事,反而增强了徐悲鸿对吴作人进一步培养的决心。他安慰吴作人说:"你不能气馁、不能屈服。一个人在自己的人生道路上,不会一帆风顺,遇到刮风下雨是常事,要想得开。依我看,一个人可怕的不是遭遇困难,而对未来失去信心,这才是最可悲、最可怕的。所以,一定要坚持奋斗下去。中国学习不了,可以想法到外国去学习,世界之大,何处不可行!"

吴作人幼年丧父,依靠孤苦伶仃的母亲和长兄维持一家数口的生活。在国内求学已不宽裕,如何能到外国去求学呢?这是他连想也不敢想的事啊!他茫然地看着面前这位老师。

徐悲鸿看出这个家境贫寒的青年的心事,安慰他说:"我会替你想办法的,先到了巴黎再说,反正不会饿死。"

在为吴作人申请出国留学的护照时,由于国民党教育部规定必须有大学毕业的文凭,悲鸿只好叫吴作人去找他的老师田汉设法。田汉笑呵呵地说:"这容易!"他伸手打开卷柜,从那一叠空白的南国艺术学院的毕业文凭中随便抽出一张,填上了吴作人的名字。

为了筹措车票,徐悲鸿只好托一个法国朋友,费了好大力气才从上海的法国轮船公司花110元买了一张廉价的水手票。当徐悲鸿把留学证明、出国护照和船票放到吴作人手里时,平时颇为刚强的年轻人,猛地扑到徐悲鸿的怀里,呜呜地哭起来。

来到法国,天资聪敏的吴作人虽然考入了徐悲鸿当年就读的学校——国立巴黎高等美术学校,但是生活十分贫困。在资本主义社会里,贫穷是备受歧视的。

因此,每逢学校里的食堂开饭时,吴作人不敢立即走进去,总是

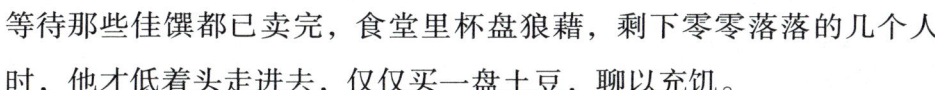

等待那些佳馔都已卖完，食堂里杯盘狼藉，剩下零零落落的几个人时，他才低着头走进去，仅仅买一盘土豆，聊以充饥。

徐悲鸿得知吴作人的困难后，又及时伸出了温暖的双手，通过他当时在比利时的朋友谢寿康和比京皇家美术学院院长巴思天，把吴作人推荐到比京皇家美术学院"巴思天工作室"学习深造，并获得一笔可以保障学习开支的助学金。

一年以后，吴作人在全学院油画大会考中名列第一名，获得了金质奖章和个人画室的荣誉。

一个中国留学生，在国外赢得如此的荣誉和奖励，确是少有的。在荣誉面前，吴作人没有忘怀自己的祖国和亲人，他立即写信告诉了徐悲鸿。

回国后，吴作人先后担任中央大学艺术系教授，北京艺专教务长、中央美术学院院长、名誉院长，继承徐悲鸿的主张，为我国美术事业倾心尽力。而徐悲鸿最大的快乐莫过于亲眼看到年轻人事业上成功，为祖国争光。

发掘绘画的人才

徐悲鸿回到南京,除在中央大学艺术系教课,仍以饱满的激情继续进行油画《田横五百士》的创作。但是家庭的不宁静,依然影响着他的心绪。

虽然,他和妻子已经有了一儿一女,他们之间的争论却并未因此消失,永远无法调和的矛盾依然存在。徐悲鸿对艺术的至诚热爱,为蒋碧薇永远不能理解和接受,这使他们常常因为购买书画而掀起轩然大波。

在这样痛苦的生活中,徐悲鸿以惊人的毅力,于1930年完成了油画《田横五百士》的创作,开始构思创作巨幅中国画《九方皋》。

这是取材于《列子》中的一个故事。讲的是春秋时代,有个姓九方,名字叫皋的人,很有识马的本领。

有一天,秦穆公对以相马闻名的伯乐说:"你的年纪已很老了,儿孙中有没有可以继承你的本领的人?"

伯乐叹息道:"我的子孙中有能识马的,但没有能识千里马的。我有一个朋友,名叫九方皋,他虽是个挑柴卖菜的苦力,但识马的本领,不在我之下。"

秦穆公听了,非常高兴,便叫九方皋为他物色一匹千里马。九方皋在各地跑了3个月,看了无数的马,最后才找到他所中意的一匹黑色雄马。他回来见秦穆公,穆公问道:"你找到的马是什么颜色呀?"

九方皋答道:"黄色。"

穆公又问:"是雌的还是雄的?"

九方皋答:"雌的。"

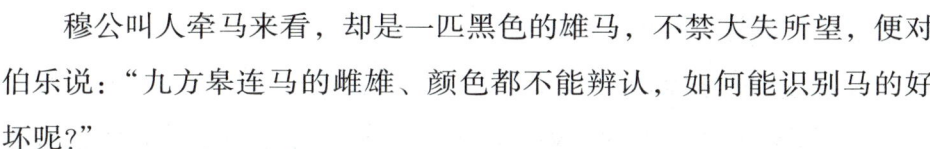

穆公叫人牵马来看，却是一匹黑色的雄马，不禁大失所望，便对伯乐说："九方皋连马的雌雄、颜色都不能辨认，如何能识别马的好坏呢？"

伯乐喟然叹息说："大王呀！您不知道，九方皋在观察马时，是见其精而忘其粗，在其内而忘其外，见其所见，不见其所不见呀！"

伯乐的意思是说九方皋注重的不是马的皮毛外貌，而是马内在的精神、品质。秦穆公听了，令人骑上这匹黑色的雄马试验，果然是天下最好的马。

徐悲鸿有感于这个动人的故事，正是由于他亲眼看到了在国民党政府统治下，大量人才被压抑、被埋没的现状，也是由于他亲身感受到要提携、培养一个有才华的人是何等的艰难。他要借《九方皋》倾吐内心的抑郁，抒发渴望发掘人才的美好意愿。

这幅宽351厘米、高138厘米的中国画，栩栩如生地塑造了一位朴实的劳动者九方皋的形象。他正在聚精会神地察看面前的那些马，而那匹黑色的雄马仿佛突然见到了知音，它发出快乐的嘶鸣，扬起钢铁般的蹄子，跃跃欲试。

人们都知道：徐悲鸿善于画马。他笔下的马都是奔放不羁的野马，从来不戴缰辔，但在《九方皋》画面上的这匹黑色雄马却例外地戴上了缰辔。

有人问徐悲鸿："这是为什么呢？"

徐悲鸿笑着答道："马也和人一样，愿为知己者用，不愿为昏庸者制。"

1931年，徐悲鸿利用暑假之便，去了南昌。他一到南昌，当地报纸就报道了他的行踪。这一来，找他的人便络绎不绝，其中多数是热爱美术的青年，来向他求教的。

一天上午，轮到一位年近30的人，他身穿旧蓝布长衫，腋下夹着个小包裹，走到徐悲鸿面前，深深鞠了一躬。徐悲鸿请他坐下，他一层层打开包裹，拿出了一卷画。

他就是著名画家傅抱石先生。当时，他还处于困境，失业在家。

徐悲鸿将画作一张张细看，渐觉一股灵气扑面而来。画的全是山水，篇幅不大，却气势恢宏。他凝视画面，只见烟云缭绕，重峦叠嶂，云海如波涛，峰尖似浮沉。不由得赞道："妙，大可造就。"

徐悲鸿最后关照说："你再多拿几幅画，白天客人多，你晚间22时钟左右来，我们可以多谈谈。"

傅抱石回到家里，他的妻子罗时慧急切地问："见到徐悲鸿了吗？"

"见到了。"

"他对你说了一些什么话？"

"他叫我把画留下，还要我晚上再去。"

当天晚上，傅抱石来到徐悲鸿的住处。徐悲鸿和他促膝交谈，就像对待一位老朋友一般。傅抱石那横溢的才华使徐悲鸿惊异。

"你没有进过学校，也没有拜过老师，那你是怎样学画的呢？"徐悲鸿问。

曾经当过学徒、做过制伞工人、也当过小学教师的傅抱石，眼睛里流露出深沉的目光。他缓缓地声音不大地叙述起来："小时候，我家住的那条街上有个裱画铺子，经常裱些名人字画。我常到那家裱画铺去看画，仔细地在心里摹写、默记，学他们的技法，然后用到我自己的写生稿上。久而久之，和店铺老板熟悉了，有了交情，他们便让我去临摹。"

"那么，你是怎样读书的呢？"徐悲鸿指着他带来的那一堆文稿说，"你从什么地方获得这样丰富的资料？"徐悲鸿有些惊讶地问道。

"哦，这也是在我家附近的一条街上。那里有个旧书店，我常去站读，久而久之，店主人见我用功，动了同情之心，让我上楼，到他的书库里去。这样我就读到大量金石书画的著作。"

徐悲鸿陷入沉思，他被深深地感动了。从傅抱石的身上，他看见了自己的影子。这是一个苦学而有才华的人，但是贫穷失业，几乎使他陷于绝境。这是一块埋没在沙砾中的闪闪发光的金子啊！徐悲鸿站起来，恳切而热情地对傅抱石说："我希望看到你更多的作品，明天我到你家登门拜访！"

傅抱石回到家中，把这一切都告诉了妻子。妻子变得激动不安了，立即开始打扫他们仅有的那间狭窄的屋子。她要使这间既作画室、又作卧室的屋子变得窗明几净，将它多年来蒙受的尘垢都清除出去。

第二天，她猛然想起了什么："哎呀，我穿什么衣服呀？"她看着自己身上打了补丁的蓝布衣衫，有点难为情地说。

"没有关系，你就穿这身衣服。"傅抱石望着钟情的妻子，想起她多年来和自己共贫苦、同患难，从来没有埋怨过一句，而自己却没有能力让妻子穿一件不带补丁的衣服，心中十分愧疚。

"但是，人家是大师啊，我能穿这样有补丁的衣服吗？"妻子惶惑地问。

这时，忽然传来了一阵敲门声。"哎呀，徐悲鸿先生来了！"妻子罗时慧一面说，一面急急忙忙躲进墙根的那只大木柜里。

这只陈旧的大木柜，原来装着傅抱石的许多画，今天通通拿出来，准备请徐悲鸿一一过目，里面就成了空的。

徐悲鸿匆匆走进了屋，没有坐下，也没有喝一口茶，便说："先看画吧。"他迫不及待地帮着傅抱石打开那一堆一堆的画。这些难以计数的画，说明了傅抱石下过许多苦功。

"一点儿也不错，天才出于勤奋，这是颠扑不破的真理。"徐悲鸿一面欣赏和品评那些笔墨狷狂奔放的作品，一面心里这样想。

"你的山水画有着广阔的前程。依我之见，傅先生应该出国学习，开阔眼界，希望你下苦功，下决心去登临光辉灿烂的艺术殿堂！"徐悲鸿很随便地坐在床边，对傅抱石这么说。

傅抱石几乎不相信自己的耳朵,他还没考虑该怎么办,只听徐悲鸿又说:"你乐意去巴黎学习美术吗?不要担心经费问题。关于出国经费,我会尽力想办法帮助解决。"

这时,大柜子的门突然打开了,先前因不敢见徐大师而躲到柜子里的罗时慧冲出柜子一把拉住丈夫,一下子跪在徐悲鸿面前说:"您老对抱石的恩德,我们夫妻怎么报答啊,请先接受我们夫妻三拜吧!"她感激得泪珠簌簌地往下掉。

徐悲鸿慌忙搀起傅抱石夫妇,说:"这么说,你们也得受我三拜了。我在南昌能结识傅先生,令人高兴。傅先生虽名叫傅抱石,实乃是抱玉,抱璞啊。"

已经到吃午饭的时间了,拿什么来款待这位贵客呢?丰盛的酒席办不起,有什么吃什么未免太寒酸,对不起徐悲鸿大师。罗时慧心中暗暗着急。她挽起竹篮,走到街上,买回了一些小笼包子和玫瑰饼。

"徐先生,请你不要见笑,寒舍简陋,招待不周。"罗时慧有些腼腆地说。傅抱石脸上也浮现出一片异常抱歉的神色。

但是,悲鸿却快活地叫起来:"呵!小笼包子,还有玫瑰饼,这简直是双倍的美味。"他愉快地吃着,几乎赞不绝口,他显然是想减轻主人负疚的心情,故意增添大家的兴致。

徐悲鸿在高兴之际,画兴大发,当即挥毫为傅妻作《芦鸭》一幅。

徐悲鸿挥动他那支墨汁淋漓的画笔,转瞬之间,一只张开翅膀的鸭子便出现在纸上，它异常生动，仿佛要破纸飞走似的。徐悲鸿又用淡墨画了几枝芦苇。然后，写上"时慧夫人清正"。

"多么谦虚的大师！"罗时慧想，"还请我清正哪！"她将这幅画挂在墙上，和抱石一起欣赏了很久。半夜，她又起床，担心灰尘落在画上，悄悄收起，放入木柜中。

为了及时解决傅抱石留学的经费，徐悲鸿特地去找江西省主席熊式辉。

奔走于权贵之门，对徐悲鸿来说，当然不是一件愉快的事。但是，为了替傅抱石的前途筹划，他不得不这样。递进了名片后，徐悲鸿被请进了那宽大的客厅。熊式辉彬彬有礼地接待了他。

徐悲鸿开门见山："南昌出了个画山水的傅抱石，你知道吗？"他见熊式辉摇摇头，便接着说："傅抱石的出现，是你江西省的一大骄傲，他的山水画，将使整个中国山水画出现生气，你这省主席应该拨出一笔钱来送他出国深造。"

熊式辉面露难色："这件事可是不容易，留学名额太少、太少。"他加重语气说。

"但是，像傅抱石这样的人才就更少。熊主席，这是你们江西省的人才，一个极为难得的人才，将来会成为鼎鼎大名的画家，能对中国美术做出不平凡的贡献……"徐悲鸿滔滔不绝地说着，想引起熊式辉的重视。

然而，熊式辉没有表态，却把话题引开了。他很客气地说："徐悲鸿先生，久仰你的画名了，如果你不见外，明天请到舍间来用便饭，我这里备有纸笔，如果先生有兴挥毫，能赠我一幅奔马，我当珍若拱璧。"

"吃饭不必了，画一定送上。"徐悲鸿只好答应了熊式辉的要求。

熊式辉显然非常高兴，满脸堆笑，亲自派车送徐悲鸿回旅馆。

次日，徐悲鸿将带在身边的一幅裱好了的奔马，派人送到熊府，并附一封信。内容是请熊式辉赠给傅抱石1000元，助他去日本留学。

熊式辉展开奔马图，乐得眼睛鼻子挤到一起。之后，熊式辉随手写了张便条，派人送给傅抱石一小笔款子，就昧着良心把事情搪塞掉了。

由于钱数不足，徐悲鸿只好改变主意，帮助傅抱石留学日本。后来，傅抱石在东京又遇到经济困难，行将辍学。徐悲鸿为之奔走，用自己的作品筹了一笔款，帮助傅抱石完成学业。这对傅抱石先生后来的成就，起了重大的作用。

到抗日战争期间，在徐悲鸿的指点下，傅抱石的山水画开始形成自己的风格，特别是他把歌乐山一带的风物画得矫健、洒脱、浑厚、峭拔。

徐悲鸿称赞是作者身临其境所产生之胸中透气。他多次讲课、谈心时说："傅氏之山水画，预告着人造自然山水末日的来临。中国的山水画出现了浪漫派，山水画复兴有了希望！"

傅抱石不负众望，到了1949年新中国成立之时，他已成为中国当代写意山水画大师了！

傅抱石是个很重感情的人，虽然他志在山水之上，但对徐悲鸿的帮助铭记不忘。

1945年7月中旬，在徐悲鸿50寿诞的日子，他特意精心绘了一幅《仰高山图》，送给徐悲鸿表示祝贺，把徐悲鸿比作自己心中景仰的高山。

为国家兴衰忧思

1931年，是中国国难极其深重的一年。

日本帝国主义发动九一八事变，大举入侵我东北三省。由于蒋介石下令"绝对不抵抗"，以致数十万东北军几乎未放一枪，就将东北的大好河山拱手送给日本侵略军，引起全国人民无比的悲愤。

国民党政府推行的反动卖国政策，一面软弱地向帝国主义屈膝投降，一面疯狂地镇压人民群众和民主运动，陷人民于水深火热之中。

徐悲鸿走进自己简陋得没有一件古玩，没有一件硬木家具的小画室。这里没有画案，只有一张用来作画的旧圆桌。他随手掩上吱吱作响的屋门，坐下来后打开手中那一卷报纸，翻阅起来。

新闻标题映入他的眼帘：

"日军灭绝人性，奸淫烧杀，无恶不作！"

"尸横遍野，血流成河，我东北三省大部陷落！"

"战祸蔓延，国难当头；江淮大水，关中大旱！"

看着看着，徐悲鸿的耳边仿佛响起了难民们凄苦的呼喊声。在报纸上，也在他的脑子里，出现了一张张憔悴的脸，一双双失神的眼睛，一个个孱弱的身躯，一只只瘦骨嶙峋的手……

他自言自语道："战祸、天灾，饿殍遍野，民不聊生，如何是好？"

现在，《田横五百士》画成功了。徐悲鸿以这一历史画卷来歌颂"威武不能屈"的民族精神，鼓舞人们的斗志，抨击那些媚敌求荣的民族败类！

国破家亡的惨状，严酷的社会现实，使悲鸿满腔义愤。他不能再安于一般的教学和创作，他要为人民控诉，为国家呼吁，他怀着强烈的不满，开始构思巨幅油画《徯我后》。

《徯我后》取材于《书经》，描写的是夏桀暴虐，商汤带兵去讨伐暴君，受苦的老百姓盼望大军来解救他们，纷纷地说："徯我后，后来其苏。"

意思是说，等待我们贤明的领导人，他来了，我们就得救了。

画面描绘一群穷苦的老百姓在翘首遥望远方，大地干裂了，瘦弱的耕牛在啃着树根，人们的眼睛里燃烧着焦灼的期待，那种殷切的心情，就如同大旱的灾年，渴望天边起云下雨一样。

画面高226.5厘米、宽315.5厘米，共有16个人物，每个都有真人般大小。

1933年初春，徐悲鸿用血泪和愤慨凝结成的大型油画《徯我后》问世了。他面对画卷，忘却了疲劳，高兴地发出了一阵爽朗的笑声，声音溢满画室，飞向夜空。

徐悲鸿在构思中，曾数易其稿。现在保存在徐悲鸿纪念馆里的素描画稿上，还有"吊民伐罪"的旗帜。作品表现了徐悲鸿对国民党政府的反动统治强烈的痛恨和对苦难中的中国人民深厚的感情！

《徯我后》和《田横五百士》两幅大型油画，一起悬挂在中央大学大礼堂里。画面壮阔，立意深刻，使每一个前来参观的人感到震撼，感到力量，深深地打动着他们的心弦。

徐悲鸿的画也让一些人害怕了。当时就有人跑去向当局报告，说他的画是蛊惑人心。徐悲鸿说：这就是我作画的目的！

1932年4月，徐悲鸿带领中大艺术系的学生们去北平参观和写生。经过天津时，应南开大学的邀请，徐悲鸿前往讲演。听到徐悲鸿在讲演中热烈赞扬中国民间艺术的丰富多彩，校长张伯苓先生便对徐悲鸿谈笑风生地讲起天津泥人张的故事。

最后，他十分惋惜地说："我少年时曾见过泥人张，可是，后来就不知他的下落了。"

徐悲鸿津津有味地听着。因为他早已听到过关于泥人张的种种逸事，传说泥人张能在袖子里捏塑人像，而且惟妙惟肖。但徐悲鸿未曾亲眼见到，总不免有些怀疑。

张伯警告诉徐悲鸿："我认识一位严范孙先生，泥人张替他的父亲和伯父都塑过像，我可以陪你去严宅。"

于是，他们驱车前往。严范孙先生很热情地接待了他们，立刻捧出他父亲和伯父的塑像。两座塑像分别被放置在玻璃座中，座高约1尺8寸，像旁有桌椅，是木制的，其他都是泥塑。

严先生的伯父像蓄有胡须，戴了瓜皮小帽，帽上缀有宝石，右手倚靠桌上，身穿黑色的长袍马褂，神采毕现，栩栩如生。

严先生的父亲戴眼镜，穿背心，未留胡须，唇边略略下陷，现出微笑的神情。两座塑像都上了颜色，色彩简洁而淡雅。至于人物比例的精确，骨骼的肯定，与传神的微妙，都是当时在雕塑中很难见到的。

严范孙先生回忆说："如果泥人张活到现在，将近有100岁了。他的后代也都以制泥人为业。"

徐悲鸿提出想欣赏更多的泥人张作品，待客热情的严范孙先生点头同意，便带着徐悲鸿和张伯警先生一同来到泥人张当年开设的商店参观。

他们走进门面狭窄的商店，只见上上下下，全是泥人。有古代的美人西施、王昭君及现代的摩登女郎和西装少年等，多姿多彩。但使徐悲鸿感兴趣的还是那些民间人物：卖瓜者、占卜者、臃肿不堪的和尚等，真是各尽其态，美不胜收。

店主说，这都是泥人张的第五个儿子所作的。徐悲鸿激动地在那些泥人面前流连、观赏。离开商店时，他选购了一个卖糖者、两个卖糕者、一个占卜者和两个胖和尚。

当悲鸿结束行程，回到南京以后，他仍念念不忘泥人张的事迹，提笔写了一篇《泥人张感言》。他怀着热爱自己民族艺术的深厚感情，热烈赞扬泥人张的非凡成就，并为他鸣不平。

他对腐朽的艺术界发出深深的慨叹："今日中国之艺术，人犹欲以写四王山水者，为之代表。"

徐悲鸿在南京住的中央大学宿舍房子，比较狭窄，也没有能作画的地方。钱昌照先生等几位朋友，曾倡议凑钱，给徐悲鸿建一所带有画室的住房。

房屋于1932年12月正式落成。徐悲鸿全家便由南京丹凤街迁入了新建的傅厚岗6号的楼房。

这座精巧的两层小楼，有客厅、餐厅、卧室、画室、浴室、卫生间等，还有很宽阔的庭院，院内有两株高达数丈的白杨树，萧萧作语。

虽然个人有了这样安适的新居，但徐悲鸿的心情却很沉重。因为国家、民族正陷于深重的灾难中，九一八事变后，国难日益严重。他是带着和全国人民同样痛苦的心情而迁入这所新居的。他将它命名为"危巢"。

徐悲鸿在《危巢小记》中写道：

古人有居安思危之训，抑于灾难丧乱之际，卧薪尝胆之秋，敢忘其危，是取名之义也。

徐悲鸿在《危巢小记》中还作了一个极为深刻的比喻：

黄山之松生危崖之上，营养不足，而生命力极强，与风霜战，奇态百出。好事者命石工凿之，置于庭园，长垣缭绕，灌溉以时，曲者日伸，瘦者日肥，奇态尽失，与常松等。悲鸿有居，毋乃类是。

　　徐悲鸿与妻子蒋碧薇总是有着不可调和的矛盾。为此，徐悲鸿只有更热烈地投身于工作，只有工作才能使他忘记心灵上的痛苦。

　　一天，徐悲鸿收到了一个陌生青年的来信，里面还夹着一张照片。写信的人名叫滑田友。他在信上说他是江苏淮阴县一个贫苦木匠的儿子。少年时便开始学做木匠活。不久前，他用写生的方法，给他3岁的小儿子雕刻了一个木雕头像，然后用照相机拍下，现在寄来请徐悲鸿大师指正。

　　徐悲鸿从照片上看到那生动、可爱的幼儿头像，十分欣喜，亲自写信鼓励他。处在穷乡僻壤的滑田友收到悲鸿的亲笔信，感到极大的鼓舞，便带着这个木雕幼儿头像来到南京，求见徐悲鸿，希望能获得学习雕塑的机会。

　　当时，著名的雕塑家江小鹤正在塑造孙中山先生的雕像，徐悲鸿很快把滑田友介绍到江小鹤的工作室里，充当助手。从此，滑田友向雕塑家的道路迈出了第一步。完成孙中山先生的雕像后，滑田友被请去苏州一个大寺庙里，修理相传为唐代杨惠之所作的泥塑罗汉像。通过两年努力摸索和实践，滑田友掌握了雕塑的许多技法，决心献身于雕塑事业。

　　在1933年，徐悲鸿利用到法国办展览会之机，为滑田友出路费，将他带到巴黎。于是，滑田友在巴黎开始了半工半读的学习生活。

　　在那里，滑田友曾和我国著名音乐家冼星海同住在一间廉价的小屋里。冼星海也和他一样贫困，有时，背着手风琴上街卖唱，疲乏不堪地回来，总是随手将挣到的几个法郎往桌上一摔，豪爽地说："田友，你一半，我一半。"

　　滑田友就这样在巴黎刻苦学习多年，随后又在法国从事雕塑工作，终于成为一个出色的雕塑家。

当时，备受徐悲鸿器重的还有出身于贫寒家庭的蒋兆和。他慕徐悲鸿的名前往求教，徐悲鸿以敏锐的眼光，发现了他的卓越天才。于是，让他住在家里跟从自己学习素描。后来，蒋兆和成为中国著名的画家，特别以人物画出色。他的作品兼有中西画法之长，造型严谨，笔墨生动而传神，创造性地丰富了中国画的表现方法，具有鲜明的个人风格。特别是他笔下的那些现实人物的描绘，如流浪的儿童，鲁迅作品中的阿Q等，感人至深，使他成为一代宗师。这些成就是和他那深厚的素描基础分不开的。

九一八事变后，中国的国际地位一落千丈。这使每一个具有爱国心的中国人，无不痛心疾首。

如何能使世界各国认识中国是一个有高度文化的国家呢？徐悲鸿常常这样冥思苦想，似乎有一种不可推卸的责任感在驱使着他，要是能到国外举办一次中国近代绘画展览该多好啊。这样可以取得世界人民的了解和同情，也可以提高中国的国际地位。

在各国举行画展

1931年的春天，徐悲鸿的个人画展轰动了比利时的首府布鲁塞尔。这是第一次在比利时举行的中国个人画展，人们纷至沓来，连皇后也驱车前来观看。

接着，法国国立外国美术馆来函邀请徐悲鸿赴法举办中国画展。他立刻积极筹备，于1933年1月22日起程前往巴黎。举办任伯年、吴昌硕、齐白石和徐悲鸿等中国当代名家的绘画展览。

徐悲鸿携带了数百幅中国近代绘画，其中有徐悲鸿自己的作品和收藏，也有当代许多著名画家的作品，有购自他们本人的，也有从私家收藏中借来的，代表了中国近代绘画的各个流派。

这是徐悲鸿第三次赴欧洲的旅行，除蒋碧薇外，还有滑田友同行。他们乘坐一条法国船，船长是一位法国人。他发现了徐悲鸿在他的船上，十分高兴，常常邀请徐悲鸿去船长室喝咖啡、吃点心，随意漫谈，并且邀请徐悲鸿一同参观整个轮船。

这是一条载重14000吨的轮船。只见船中咸水、淡水、冷水、热水的管道，纵横交错，一切电气的设备，气象的测定，商情的起伏，以及所经历的时事变迁，都有仔细的测报和安排，十分繁杂而有秩序，完全像一个城市的设计，且须利用极为有限的空间和面积，不容有间隙的空地。

后来，徐悲鸿曾极为感叹地写道：

此仅为14000吨之中型轮船，其结构精密完善已臻如此。

而造船之工程师及工人纵有大量杰作流行于世，世人受其惠者不可胜计，此类造船之工程师及工人之名字并不为人所知，也无人询问。而末世之艺术家画几枚颠倒的苹果，畸形的风景，或长脖大腿的女子，便以为有功于文化。

两相比较，其道理不待世人不解，我也深感迷惑，可惜此类艺术家无缘一度自省。

随后，徐悲鸿又随船长来到轮船下层，只见烧火工人是中国人。那熊熊的烈焰，发出"呼呼"的响声，无数鲜红的火舌在贪婪地舐着炉膛，一股强烈的热浪扑过来，使人感到烤炙般的痛苦。

回到船舱后，徐悲鸿为此而很久不能平静。后来，他曾经写道："乍临此境，心中震悸。"

如同14年前那样，汽笛高声鸣叫，轮船"哗哗"拨水前进。徐悲鸿穿越着太平洋、大西洋。在漫长的行程中，他常常对着辽阔的大海，回忆这14年不平静的岁月。

多难的祖国、痛苦的人民、不和谐的家庭，都像乌云一样飘到他心里。生活的道路是多么崎岖不平，自己肩负的责任又是多么沉重！

又来到了巴黎，又流连于卢浮宫和凯旋门下，徐悲鸿心潮阵阵起伏。他亲爱的老师达仰先生已经与世长辞了，他在达仰的画室前徘徊了很久，那里已搬进了陌生人，往事如烟的感触，使他悄然落泪。

在画展开幕前筹备的紧张日子里，徐悲鸿还惦记着正在法国学习的王临乙和吕斯百，他抽空专程去看望了他们。

1927年，王临乙在南京中央大学艺术系随徐悲鸿学画。1929年，赴法国里昂美术学校学习。曾获全法国美术学校速写奖金。1931年考入巴黎高等美术学院学习。

吕斯百初入东南大学艺术系，得徐悲鸿赏识，并于1928年被推荐赴法国留学，初在里昂高等美术专科学校，1931年入巴黎高等美术专科学校，曾游历西欧各国，考察美术。

吕斯百的油画长于风景、静物，早年作品笔触稳健有力，色彩纯化雅致，注重画面整体的真实性。

徐悲鸿不仅是一位敢于独树一帜的艺术家，也是一位与众不同的艺术教育家。他能慧眼识别人才，又尽自己所能，资助他们走进艺术的大门。

在巴黎，徐悲鸿见到王临乙和吕斯百，听说他们的成绩都很优秀，经常名列前茅。他的心里有说不出的高兴，多么希望他们早日学成归国，为振兴祖国艺术作出贡献！

中国近代绘画展览于1933年5月10日在巴黎市中心公各尔广场的国立外国美术馆正式开幕。

举行开幕式时，有法国教育部部长、外交部部长及各界著名人士3000多人，前来参观和祝贺。

在法国，徐悲鸿的画受到热烈欢迎。画展期间，展览目录印至3版，很多报刊，不惜篇幅给予画展高度的评价，发表的文章总计不下300篇，世界著名美术评论家莫葛雷在报刊接连发表了3篇评论。观众达30000人以上。

此外，英国、西班牙，甚至远达美洲，也都有文章介绍和报道，足见中国绘画在欧洲所引起的强烈震动。这使一心宣传祖国文化、提高祖国威望的悲鸿感到慰藉。

那一段时间里，徐悲鸿常常置身于参观者之中，听着不同肤色的人们的各种语言的赞美之词。那些话，有的他懂，有的不懂，但从人们的表情看，是惊讶，是欣喜，是赞叹！有的人认出他来，冲他举起拇指，呼喊："中国！中国！"此时，他往往热流遍身，喜泪盈眶。

门票5法郎一张，参观展览的人络绎不绝，盛况空前，应广大观众的要求，画展不得不延期15天，从5月10日开展，直至6月25日才闭幕。

法国政府一次就购买了15幅中国画，有徐悲鸿、齐白石、张大千、高奇峰、王一亭、经子渊、陈树人、汪亚尘、吕凤子、张书旂、郑曼青等人的作品，并专门建立了一个《中国近代绘画展览室》。中国画展在一个文艺发达国家获得如此成功，使徐悲鸿激动不已，当即写信给国内，告诉同行好友。

一些国家纷纷来电来函，热情邀请，有的还特为表示愿支付一切费用。

不久，应意大利邀请，在米兰举办了中国近代绘画展览。意大利全国报刊一致赞扬中国绘画艺术的精湛技艺和伟大成就，并把画展盛况拍摄电影，在全国放映。一家报纸评论说："这是继马可·波罗之后，中意文化交流的又一个高潮。"

随后，德国柏林美术会邀请徐悲鸿举行他个人的作品展览，徐悲鸿又携作品来到德国。柏林美术会全体会员举行公宴欢迎徐悲鸿。

画展期间，柏林开设专栏介绍和评论徐悲鸿作品的报纸、杂志达五六十种之多，对徐悲鸿的作品推崇备至。

离开柏林，徐悲鸿来到法兰克福。他是应邀来这里举办个人作品展览的。隆重的开幕式，由法兰克福大学校长主持，并由法兰克福市举行公宴表示欢迎。

画展两星期闭幕，许多观众纷纷要求延期。但因为还接受了其他国家的邀请，日程排得很紧，不能延期。徐悲鸿决定将作品运至罗马，准备5月1日前后在罗马举行展览。

这时，英国和苏联都来邀请徐悲鸿，也都把时间定在5月1日前后。并且，苏联的邀请急如星火，说是5月1日在莫斯科红场照例举行盛大的检阅，全国各界重要的人物届时都汇集莫斯科，希望徐悲鸿一定赴邀。

徐悲鸿反复考虑，决定放弃英国和罗马的展览，到苏联去。

徐悲鸿高兴地对朋友说："我决定去苏联，是因为列宁首先宣布取消对中国的不平等条约，久欲访问，此次乃好机会也。"

日程的变更给徐悲鸿带来不少麻烦。他必须先乘火车经瑞士到意大利北部的港口热那亚，然后再从热那亚乘海轮去苏联。但是到达热那亚后，徐悲鸿托运的那些画箱还未运到，必须在那里等待几天。

1934年4月，徐悲鸿到达莫斯科。他一踏上苏联国土，就有一个活泼的蓝眼睛女孩，向他献上了一束嫩艳的鲜花。他看到的是一张张陌生的却异常亲切的笑脸，接待部门把他安排在接待国宾的大都会饭店下榻。

这种礼遇，作为一个中国人，他引以为荣，凭窗远眺，他看到著名的克里姆林宫和莫斯科大剧院，立即掏出纸笔进行素描。

苏联政府文化局局长阿洛赛夫为欢迎徐悲鸿举行盛大宴会。以后的日子里，每天的日程都满满的。一时间徐悲鸿成了莫斯科街谈巷议的新闻人物。莫斯科对徐悲鸿举办的中国近代绘画展览，安排得非常周到、细致。新闻单位充分准备，讲解人员经过训练。

苏联朋友接待徐悲鸿的种种表示和安排，体现了苏联人民对中国人民的友好感情，这些情景，深深地印在徐悲鸿的脑海里。

勤奋好学的徐悲鸿，也通过耳闻目睹，体察苏联革命成功后的艺术精髓，从中得益。他应邀在莫斯科美术学校讲演。站在讲坛上，他兴奋地说："我的印象之一，是无失业艺术家，艺术家忠于艺术……而苏联的艺术，是现实主义的，是为人民大众服务的——珍惜吧，这正是我们所孜孜以求的！"

他向苏联艺术家提出了自己的建议："继承俄罗斯优秀传统，发扬现实主义精神，这是首要的，主导的。至于出国去学习，对你们来说，那是次要的。"

1934年5月1日，经过紧张而充分的准备，画展很快在宏伟的莫斯科国立博物馆正式揭幕，阿洛赛夫主持了揭幕仪式，苏联对外文化协会会长致辞，追述了中国与苏联人民一向友好的历史，希望中苏两国人民在文化上获得更进一步的了解。徐悲鸿致答词，感谢苏联招待的盛意，并望今后加强中苏两国的文化交流。

参观者之踊跃为任何画展所不能比拟，有的人甚至反复参观了五六次。这是最受观众欢迎，规模最大的画展。

徐悲鸿画马，举世闻名。阿洛赛夫根据参观者的要求，郑重向徐悲鸿提出要求说："徐先生，苏联美术家和绘画爱好者，都非常希望能亲眼看到，你是怎样运用那七寸神妙之笔、一池墨水，把马画得那样活、那样神的？"

徐悲鸿听后，欣然赞同。徐悲鸿将现场作画马表演，消息一传出去，莫斯科文化界为之震动。为了一睹徐悲鸿画马情景，很多艺术家和政府官员纷纷提前赶到博物馆，现场外一时车水马龙，水泄不通。

当时，在大厅里，前来观看画马的人前推后拥，里三层外三层地把徐悲鸿围在中间。有人踮起脚尖，有人借助斜坡，都伸长了脖子屏息观望。

身处异国的徐悲鸿，把祖国利益看得高于一切。此时此刻，他胸有成竹，从容不迫，豪情亦如骏马飞驰。他添笔、理纸，行笔走墨，挥洒自如，力透纸背。

他充分运用中国画独有的龙飞凤舞的线条，浓淡相宜的水墨色素，如神话，如梦幻，很多人还没有看清是不是马首起笔、马尾收笔，一匹势不可当的奔马便跃然纸上。

霎时，掌声、叫好声骤起，响彻整个大厅，经久不息。

在场的骑兵元帅布琼尼，素有爱马之名，他拨开挡在前面的人，三步两脚走到徐悲鸿面前，以他特有的风度，直率地说："徐先生，就将这匹神马赠送给我吧，否则，你知道，我会发疯的！"

徐悲鸿当然知道布琼尼元帅和马的关系，他被布琼尼的幽默神态和话语逗笑了，立即写好题款把画送给布琼尼元帅。布琼尼像打了一个大胜仗一般高兴，他捻着胡须细看一遍，又举起让别人看。

而后，和徐悲鸿热烈拥抱，大声称赞道："徐先生，你不仅是东方的一支神笔，也是属于世界的一支神笔。你笔下的奔马，比我所骑过的那些战马更加奔放、健美！"

一位汉学家在旁接着感叹道："看了徐先生笔下奔马的气魄，不禁使人想起中国古诗中的名句'飞流直下三千尺，疑是银河落九天'！如果用中国伟大诗人杜甫的诗句'一洗万古凡马空'来形容徐先生笔下之马，那是再确切不过了。"

展览期间，徐悲鸿应邀到苏联美术协会、美术院校等处多次讲演，并与苏联著名画家如涅斯切洛夫、版画家克拉甫钦科等交换作品。特别使徐悲鸿兴奋的是与苏联著名雕刻家梅尔库洛夫结下深厚的友谊。

已经50多岁的梅尔库洛夫，蓄着浓密的胡须，深黑色的目光炯炯照人。他热情地邀请徐悲鸿到他家里做客。他家住在莫斯科郊外，有一个80亩的大园地，放置了无数硕大无比的花岗石。

他受苏联政府委托做雕像的工作，预计10年之内还不能全部完成。园中种植了许多白杨树，树干粗大。每到春天，他就在树干上开一个小孔，消毒以后，将瓶口对准小孔接住，每天可得树浆一瓶，其中含有各种维生素，据说可延年益寿，每棵树一年可取浆10余次。

梅尔库洛夫含笑对徐悲鸿说："假如你早来一个月，当可饮用这种甘美无比的饮料。"

徐悲鸿笑着答道："我虽未饮到，但听到已经很快乐了。"

梅尔库洛夫以亲手所制的极为珍贵的列宁面模和托尔斯泰面模赠与徐悲鸿。这两个面模虽然是石膏所制，但雕刻家给它们染以铜绿色，看上去有铜雕的感觉。徐悲鸿深为感谢。

画展在莫斯科举办一个多月，接着又在彼得格勒和基辅等地展出。彼得格勒的隐居博物院，这是俄国沙皇的冬宫，前面的广场可以容纳数十万人。

为了广泛地向苏联人民介绍灿烂的中国文化，该院以所藏珍贵的中国古铜器、陶器、瓷器、琢玉、象牙、雕刻、漆器等一同展出，吸引了无数苏联观众。

几个地方报刊均以大量篇幅报道，高度评价。莫斯科一家大报还选登了徐悲鸿早年一幅"前骑马、后骑驴、最后推车汉"的画，一位权威人士随之评价说，它极其深刻地反映了社会各阶层，是少见之佳作。

徐悲鸿在《在全欧宣传中国美术之经过》一文中说：

> 吾此次出国举行中国画展，在法、比、德、意、苏展出7次，4处《中国画展览室》于各大博物馆及大学，总计因诸展而赞扬中国文化之文章杂志达两亿份。
>
> 吾于展览会一接洽，在内在外，绝对未用政府名义，其岁縻国人巨款。号称文化基金之任何机关，皆未有一文之助，凡我国民皆请注意于此点也。
>
> 我又忆及一最感动之事，苏联人屡次问我：贵国有多少美术馆？如此有悠久历史文明古国，美术馆之设备定比我国好。我非常痛苦，只得含糊作答。
>
> 苏联美术馆之宏大，设备之精美，绝不亚于英、法、德、意诸邦，且觉过之。而我国可怜，民众所需之美术馆，国家从未措意，唯有岁縻巨款，说办文化事业，白日见鬼，连一个美术馆也没有。

在彼得格勒，徐悲鸿结识了苏联著名汉学家亚列塞耶夫。他专门研究中国古汉语，曾把连中国人都很难读懂的《易经》译成俄文。

这位汉学家跟徐悲鸿讲话都用文言，连徐悲鸿听了也有些好笑。后来抗日战争期间，郭沫若同志应邀访苏时，亚列塞耶夫也仍用文言和郭沫若同志交谈，他向郭沫若探听徐悲鸿的近况时，不是说：徐悲鸿的身体好不好，而是用文言说："徐悲鸿君无恙乎？"

徐悲鸿在彼得格勒还认识了老画家李洛夫。李洛夫邀请徐悲鸿去他家里倾谈，还津津有味地给徐悲鸿讲了一个笑话。

他说有一年，苏联政府征集一切关于大革命的红军战迹画，在各大城市展出，也请李洛夫拿出作品。李洛夫笑着说："我所画的都是风景，与大革命无关，怎能展出呢？"

但有人强索他的一幅风景画，陈列于展览会上。观众中有人奇怪：这幅风景画与红军有什么关系？便问展览会的主持人。

主持人回答道："你没有看见这画面上的一座木板房子吗？房子后面便是红军。"观众听到这个回答，都哈哈大笑起来。徐悲鸿听到这儿，也止不住笑了。

当时苏联老一辈画家中，艺术最精卓的是涅斯切洛夫。他是个虔诚的基督教徒，大革命以前俄国许多大寺院的壁画，多出于他的手笔。

徐悲鸿专门访问了他。他很热心地询问徐悲鸿和法、德艺术家的关系，尤其对于徐悲鸿与达仰的关系，他很感兴趣。

涅斯切洛夫将他的近作人物肖像多幅，出示徐悲鸿，都是非常精妙的作品。徐悲鸿感到，当代世界各国画家中能与涅斯切洛夫相提并论的，为数寥寥。但涅斯切洛夫只是埋头作画，厌闻世事，也不愿以作品参加展览，苏联政府想购买他的画，也不可得。

后来，有一位他的晚辈强以他的作品《画家樊司耐差夫像》陈列于一次展览会，请他定价。他故意定了一个极为昂贵的价，超过平常价格的10多倍。但苏联政府竟购买下来，陈列于美术馆。

次年，这位晚辈又以涅斯切洛夫的自画像陈列于展览会，苏联政府又以巨款买下，并请涅斯切洛夫展览近作，政府全部买下。徐悲鸿对此深有感触，他在1936年所写的回忆中说：

> 苏联政府主持艺术之不避嫌怨，唯崇真艺之态度与其苦心如此，诚令人感奋至于下泪。

中国画展举行的日子，正值彼得格勒夏至前后。在那一个月内终夜明朗，不需灯火，号称"白夜"。

徐悲鸿常常在那无尽的黄昏中，徜徉于涅瓦河畔，掠过水面的清风徐徐吹拂着他，他带着梦样的情思，度过了那些短暂而愉快的日子。

彼得格勒展览完毕，基辅又发来邀请。徐悲鸿因出国日久，学生们又都盼望他早日回校授课，只好婉言辞谢了基辅的邀请。

在离开彼得格勒前，苏联美术界希望徐悲鸿能留下一部分中国画，徐悲鸿便请他们自己挑选。隐居博物院挑选了 12 幅中国画，徐悲鸿又以中国现代名画家作品 15 幅赠送莫斯科现代美术馆。

莫斯科人民教育委员会开会决定赠给徐悲鸿以 19 世纪俄罗斯著名作家及现代作家作品 13 件。后来，由于国民党政府的阻挠和破坏，未能实现。

永不疲惫

道在日新，艺亦须日新，新者生机也，不新则死。

——徐悲鸿

心怀祖国的安危

徐悲鸿结束了画展，取道海参崴，乘一艘日本客轮，于1934年8月17日回到上海。

他的学生们举行了盛大的欢迎会，庆贺他载誉归来。徐悲鸿带回了极为珍贵的列宁和托尔斯泰的面模，也带回了很多西方现实主义艺术大师们的美术复制品分赠给学生们，其中有大量的俄罗斯巡回画派艺术大师列宾、苏里科夫等人的作品复制品，如《伊凡杀子》《札波罗热哥萨克人给苏丹王写信》《近卫军临刑的早晨》《女贵族莫洛卓娃》等。

徐悲鸿热烈地推崇这些作品，他也是第一个将俄罗斯巡回画派介绍给中国的人。

然而，中国时局变幻，形势愈加恶化。徐悲鸿心情难平。

一天，他腋下夹着画卷，走上艺术系的讲坛。面对学生们充满希望的目光，徐悲鸿一字一句地说："同学们，看了动人心弦的戏剧而为之流泪的事是常有的，看了一幅画令人感动流泪的事却是很少有的。而我却有切身的感受，这就是看到这幅画时，我被画面及其思想打动了，我仿佛也置身于画中，不由得泪珠滚滚。"

徐悲鸿说完，打开了一幅画。同学们争相观看，有的还站起身来。徐悲鸿把画在墙上挂好，然后说："这是我在巴黎卢浮宫临摹的，德拉克洛瓦的油画《希阿岛的屠杀》，看不清楚的同学可以轮流到前面来看个仔细，尽管我临摹得不好，但我想它也会打动你们的！"

徐悲鸿充满感情，给同学们讲解着：德拉克洛瓦是19世纪初叶法国资产阶级革命中浪漫主义画派的主将。他痛恨土耳其对希腊的残

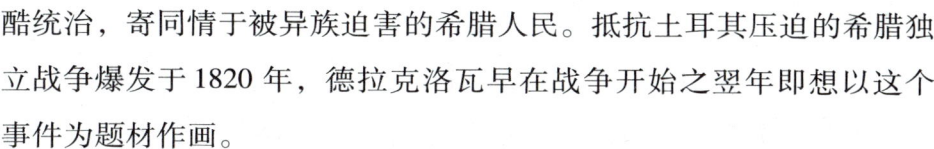

酷统治，寄同情于被异族迫害的希腊人民。抵抗土耳其压迫的希腊独立战争爆发于 1820 年，德拉克洛瓦早在战争开始之翌年即想以这个事件为题材作画。

然而他的构思直至 1822 年 4 月，在听到希阿岛的残杀事件之际才形成。在这次事件中，被屠杀的岛民总数达两万余人，真是尸横遍野、血流成河！剩下的人都被当作奴隶让土耳其军队掳走。

德拉克洛瓦刻画出了暴力之前一筹莫展、愕然等死的希腊人悲剧。这幅画反映了作者尊重民族独立自主的可贵思想，整个画幅达 15 平方米，它一诞生，便立刻在法国画坛内外引起极大震惊。

介绍到这里，徐悲鸿意味深长地说："看了这幅画，不能不使我们想到祖国的现实……"

当时，日本侵略者在东北三省屠刀横舞，烧杀抢掠，而蒋介石派出大批反动军警搜捕、枪杀爱国学生、工人和知识分子。

徐悲鸿之所以特别欣赏、推崇这幅油画，还因为作者大刀阔斧，气势磅礴，打破了传统的拘泥手法。

徐悲鸿指着画面右前方一位奄奄一息的妇女说："这一形象的刻画，创造性地发挥了油画语言和思想感情完美融洽的艺术技巧，在油画艺术领域中开辟了一个新局面。同学们看，那妇女的眼睛虚合着，脸面显得朦胧，但一点儿也不感到松散；肤色惨淡，但精微而多变。那个正匍匐在她的胸前，状若吮乳的婴儿，使人看了不禁凄然落泪。作品表达了撼人胸怀的人道主义，发出悲天悯人的强烈呼声，而这种油画技巧，则出于作者强烈的爱憎之情。"

徐悲鸿精辟独到的分析，引起学生们的强烈共鸣，激励着他们为祖国的艺术事业而发奋，为祖国的前程而思索，而行动。

徐悲鸿离开苏联前，曾建议苏联美术家到中国举行展览。他的建议促成了 1935 年在南京和上海举行的苏联版画展览。他为展览会撰写的序言说：

> 艺术是一个民族生活的反映和民族思想的表征……世界各民族之间互相尊重和互相友好的感情应当从文化交流开始。

徐悲鸿从国外归来，才知道高奇峰先生不幸因病逝世。他的女弟子张坤仪女士含泪跪在徐悲鸿面前，陈述这一不幸消息时，徐悲鸿缅怀往事，也不禁潸然泪下。

徐悲鸿在1935年出版的高奇峰遗画集第一辑中题写了"发扬真艺，领导画坛"八个大字赞颂高奇峰先生的功绩，并写道：

> 奇峰先生以画负盛名于中外，吾与纳交20年，而一别10余载。去年7月，吾以其《孤帆》售于法博物院，何期归来，遂已隔世。张女士坤仪以其画集见示，言念旧游，凄然泪下，庶几其泣鬼神而惊风雨者，不随其魂魄而长往也。

1936年初，一个不幸的消息，犹如晴天霹雳，强烈地震动了刚刚回国不久的徐悲鸿——他的好友田汉突然被国民党政府逮捕，并被押解到南京。

徐悲鸿急忙赶到田汉家里。田汉的老母见到徐悲鸿，扑倒在徐悲鸿的面前，痛哭失声。这位年轻时就死去了丈夫，孤苦伶仃地抚养3个孤儿的母亲，在生活中经受过种种困苦和磨难，她都毫无怨言，十分坚强地走过来了。但是，现在她眼看最心爱的长子陷入囹圄，就像有人在她心上捅了一刀，从来不愿流泪的母亲，现在却泣不成声。

徐悲鸿连忙搀扶着田老太太，耐心地劝慰她。田汉的妻子林维中强忍着内心的巨大悲痛，和徐悲鸿一起安慰着年迈的婆母。她流着眼泪告诉徐悲鸿，这些日子她背着孩子、提着饭菜去探监时见到田汉的情形。徐悲鸿满含热泪表示，一定要尽心竭力去营救田汉。

徐悲鸿为营救田汉而四处奔走。终于由他和宗白华先生一起出面，保释田汉出了监狱。这位坚强的共产党员出狱后，并未沉默。他献身于中国进步戏剧事业的决心毫未动摇，并积极筹组话剧团体，准备上演反映现实，"为中国民族独立、自由而战"的戏剧。

这年11月，田汉主持的"中国舞台协会"宣布成立，文艺界许多人前来祝贺，洪深、张曙、马彦祥、白杨、舒绣文、魏鹤龄、吴茵、吴作人等都到会了。第一次公演的剧目是《械斗》和《回春曲》。

当时，徐悲鸿深受感动地写道：

> 垂死之病夫，偏有强烈之呼吸，消沉之民族里，乃有田汉之呼声，其音猛烈雄壮，闻其节调，当知此人之必不死，此民族之必不亡。

革命的文化运动激励着徐悲鸿的斗志，陶冶着徐悲鸿的思想。

这天，徐悲鸿站在家中的画室里，看着自己书写的"国家兴亡，匹夫有责"八个大字出神。忽然，门外人声嘈杂，他忙迎出门，原来是10多个男女学生来到他家。

尽管外面飘起雪花，显得很冷，但他们一来，却使人感到热气腾腾。他忙给同学们沏茶解寒，谈话中，知道他们原来是去游行，在警察干涉威胁下，又按原定路线走完全程。徐悲鸿也为之高兴。

一个名叫朱丹的同学激动地说："徐先生，蒋介石政府采取不抵抗政策，把大好河山拱手让人，凡中华儿女，都不甘心坐以待毙。我们要抗日！一些同学商量了，准备暂放画笔，拿起刀枪上前线，打鬼子！"

徐悲鸿自豪地望着同学们，说："同学们！国家兴亡，匹夫有责。我支持你们的爱国行动，为表心意，凡上抗日前线的，我送20元大洋作为盘缠！我可以画画，变卖字画，还可借债。同学们，我想的是赶走日本侵略者以后，只要我是艺术系主任，保留你们的学籍，再来学习！"

正当这个爱国的艺术家热心投身于抗日救亡的文化运动之时，一只罪恶的手在他的背后设下了卑鄙的陷阱。

这天，徐悲鸿打算约一位朋友同去田汉那里，提前从中央大学回家来。他走到大门口，正碰上张道藩往外走。这个经常利用徐悲鸿不在家时私会蒋碧薇的国民党鹰犬，没有料到徐悲鸿提前回家，弄了个措手不及，又尴尬，又恐慌，又不得不装腔作势。

张道藩故弄玄虚，停顿片刻说："徐先生，你清楚，我们的蒋委员长对你的绘画评价很高，对你的人物肖像尤为赞赏。他亲口对我说过，你把人物肖像画得惟妙惟肖，不仅外貌逼真，并且内含精神，真不愧为人物肖像画大师。"

张道藩看徐悲鸿一脸愠怒，干笑一声继续说："因此，特请你挥洒生花妙笔，为蒋委员长画一幅像，作为他50岁大寿的祝贺，这对你来说，岂不是喜从天降？"

他加重语气说："这可是很多画家巴不得的美差，千载难逢，机不可失。画好后，蒋委员长定然要……"

徐悲鸿望着张道藩眉飞色舞的样子，像吃进了苍蝇般地恶心。提起"蒋委员长"，他立刻自然地想到了东三省，脑子里闪现的是卑躬屈膝，拱让国土和屠杀爱国志士的丑恶面目。暗忖："我岂能为这样的人画像，又怎能把这样的人画好？"他默不作声，脸色严峻，不为所动。

张道藩身怀使命，所以极尽恭维。不想，徐悲鸿断然说："张先生，实话实说，我是个穷画家，教书匠，我不愿靠溜须拍马往上爬，只靠这个混碗饭吃。我对给你们的蒋委员长作像，丝毫没有兴趣。你还是另请高明吧！据我所知，上海城隍庙里不少店子既画得像，又画得好，且价钱便宜。你既然负此使命，不妨去上海跑一趟，肯定会使你满意的。"

没等徐悲鸿把话说完，张道藩就吃惊地把眼睛睁得溜圆，叫道："你连给蒋委员长画像都没有兴趣？"

"是的，我再重复一遍，不感兴趣！"

徐悲鸿侧目看了张道藩一眼，说："我的画是战士胯下的马，孺子手中的牛，如此而已。"

"这么说，你肯定不给蒋委员长画像了？！"

徐悲鸿冷冷地摇了摇头。

张道藩又羞又恼，渐露本相，威胁说："你不要忘记，你的很多画给我们带来的麻烦，《田横五百士》和《徯我后》，在相当一部分人中引起不稳和狂热，持续相当时间。《逆风》是鼓吹与当局对立；《九方皋》则是讽刺当今领袖不识人才，蒋委员长为此而大怒，看了这样的画，会对政府和领袖失去尊重！"

徐悲鸿冷冷一笑说："部长先生，你太抬举我了，小小的几张画，竟有那么大作用？笑话！"

张道藩又说："念及老同学的关系，很多情况下，我给你打了圆场。你是明白人，我再一次奉劝你，还是不要那么固执的好，免得事后后悔！"

徐悲鸿尽量克制住自己，缓缓语气说："我只会感到自豪，何以会后悔。我们俩想的不一样，你的信条是沽名钓誉，高官厚禄，而我的座右铭是这个！"他一指墙上悬挂的自己亲笔手书的条幅，上面写着："人不可有傲气，但不可无傲骨！"笔锋刚直，一派正气，凛然不可侵犯。

张道藩看看条幅，又看看徐悲鸿，惊愕得嘴唇哆嗦着，说不出一句话来。他站起身，牙齿咬得咯咯响，脖子上暴起青筋，哼了一声，怒气冲冲地走了。

徐悲鸿瞅着张道藩狼狈而去的背影消失在门外,感到很舒心,很痛快,很久未有过的痛快、舒心。

此时,蒋碧薇对徐悲鸿说道:"你怎么可以拒绝为蒋委员长画像呢?你一口拒绝,还说什么对蒋委员长不感兴趣。你有没有想到这个后果?这在别人求之不得的事,你却拒之千里,我真想不通。给蒋委员长画了像,你就有可能平步青云,何乐而不为?再说,你在巴黎苦攻苦读,回来也不过是当个教授而已,你看我们在巴黎的同学,那几位参加国民党的,都做了大官。而你,戴传贤院长和朱家骅部长两人要联名介绍你参加国民党,你也不肯参加,唉!"

此时,她看到墙上那副用黄色绫子装裱、徐悲鸿集泰山经石峪的大字对联:"独特偏见,一意孤行",接着说:"你还写这样一副对联挂着,叫我看着都觉得不顺眼。你为什么直至现在还要跟田汉那帮共产党搞在一起呢?从苏联回来,你光写宣传共产党的文章,说了苏联那么多好话,你为什么不写苏联人又穷又苦呢?识时务者为俊杰。你怎么不看看国内的潮流,当今的形势!我看,你就赶快替蒋委员长画张油画像,这对你有好处,否则……"

听着蒋碧薇没完没了的絮叨,徐悲鸿那两道又黑又粗的眉毛越来越紧地拧在一起,他的面容由黯淡而变成激愤了。

"我请求你不要再说下去!"徐悲鸿打断她的话,同时扬起一只胳膊,做了一个制止的动作,"尽说这些自私自利的话!"

"你未免欺人太甚了!我是好心劝告你。"蒋碧薇愤愤地说,"我告诉你,我们可以分道扬镳。你不参加国民党,我参加,你不要以为我会屈从你!"

这一天,两个人又因为立场的问题而争论。

为了结束这场可怕的争吵,徐悲鸿急匆匆地从家里走出来。他什么也没有拿,身上连一文钱也没有,他一整天只是在家门附近徘徊。夜色降临了,他望见远远近近的窗子里都射出温暖的灯光,想象着那些和谐而快乐的家庭都在吃饭的情景。

他开始感到饥肠辘辘。然而，倔强的徐悲鸿此时却不愿意走进自己的家，而且他多么盼望有片刻的安静。他步行了很长一段路，来到他的留法同学沈宜甲先生家里。

沈宜甲先生是位化学家。他在法国时爱上了一位国民党元老的女儿张女士，但张家父母坚决反对这门亲事，不同意女儿嫁给这样一个贫寒的学生。

张女士不顾父母亲的反对，和沈宜甲在巴黎正式结了婚，随即，双双归国。到达广州时，张家电告广东省主席将沈宜甲扣押起来，关在监狱里。但她矢志不移。后来他们终于又生活在一起，生了一个可爱的男孩。

不幸的是这个男孩患病夭折。他们夫妇受到这个打击，心情都很抑郁，时常发生口角，感情渐渐破裂。最后，彼此同意离婚。张女士嫁给一位革命先烈之子，沈宜甲则一人孤单地生活着，以至于今。

徐悲鸿来到沈宜甲先生家里，得到了老同学的同情和安慰。那天晚上，徐悲鸿忽然感到头很沉，全身软弱无力，这是从未有过的现象，好像要病倒下去似的。

第二天，他到一位很熟悉的医生那里求诊。经过仔细检查以后，医生对他说："徐先生，你的血压偏高，现在还不严重，但有高血压的倾向，你要注意，不要太紧张。而且，你的肾脏有慢性的炎症，这和劳累有关，需要很好的休息。"说着，给徐悲鸿开了药方。

但是，他到哪里去休息呢？他从医生那里出来，仍回到了沈宜甲的住处。他不想再回自己的家，他害怕那无穷无尽的吵嚷。他希望能有一个安静的角落让他休息。

1936年夏初，徐悲鸿愤于国民党反动派的腐败，拒绝为蒋介石画像。

这之后，他便时时受到刁难、威胁。正在这个关头，李宗仁在广西连发电文邀他赴广西作画,还表明,乐意为徐悲鸿在桂林建立中国第一座美术馆提供资金和方便。

徐悲鸿悄悄和爱国人士李济深等朋友商量后,只身南行。

在南京下关车站乘上火车,徐悲鸿如释重负。他靠在车窗旁,凝望着车窗外面急速后退的房屋和田野。在隆隆的车声中,南京远远地被抛在后面,他觉得心上一阵轻松,长长地吁了一口气。那些无边无际的忧虑和痛苦,好像随着火车头喷出的浓重烟雾,袅袅地飘散在漫长的旅途中。

美丽的大自然永远是徐悲鸿精神上最好的慰藉,它温柔地抚慰着他那受了创伤的心。桂林无比秀丽的青山绿水,重新唤起徐悲鸿心上的欢愉和振奋,他又沉浸在创作的热情中。

他用淋漓的笔墨,描绘了烟雨迷蒙的漓江,苍茫而秀丽,在我国的山水画上别开生面。

徐悲鸿知道李宗仁在广西是主张抗日的,这颇合他的心意。一到南宁,看到省府对面墙上有4个大字:"明耻教战",立刻触动了他的一颗爱国心。

他很快就在《广西日报》上撰文,痛斥蒋介石的不抵抗政策是"寡廉鲜耻""丧权辱国",明确表示坚决抗日的主张。人们都知道大画家徐悲鸿来到广西,现在又见到他的抗日主张更受到人们的欢迎和尊重。

在广西的日子，徐悲鸿一面作画，一面在桂林艺术馆、广西艺训班教授美术。桂林那奇幻美妙的山水使他心旷神怡、画兴大发。

徐悲鸿正在桂林专心作画时，广西、广东爆发了要求抗日的"六一运动"，并向全国发出通电。电文中写道：

连日报载，日人侵我意亟，一面作大规模之走私，一面增兵平津，经济侵略、武力侵略同时并进。瞻念前途，殷忧易极。今日已届生死关头，唯抵抗足以图存，除全国一致奋起与敌作殊死战外，则民族别无出路。

在昔我中央尝依赖国联，而国联之助我如何？尝屈辱图存，而屈辱之效果如何？今敌人又加紧侵略矣，中央忍辱负重之苦心，国民非不谅解，惟和必有方，忍必有期。长此因循，则敌人无厌之求，日甚一日，得陇望蜀，岂有穷期。

呜呼！"九·一八"之创伤未复，"一·二八"之血腥犹存，辽、吉、黑、热四省之同胞，陷于敌人铁蹄之下，已逾5载，今平津又将继之矣。

昔人有言，以地事人，犹抱薪救火，薪不尽，火不灭。国家之土地先民所遗留，亦民族所托命，举以资敌，宁异自杀。

通电呼吁国民党政府顺从民意，领导抗日。当时，西南将领数十人通电表示拥护：愿"为国家雪额年屈辱之处，为民族争一线生存之机"。"六一运动"使全国为之震动，徐悲鸿也感到鼓舞。

但是，接着而来的却是蒋介石调集四五十万大军，直向广西进逼，准备分四路围困广西。广西当局也异常激愤，将省防军由14个团扩编为44个团，预备与中央军决战。

剑拔弩张，形势危急。许多人纷纷逃离广西，但徐悲鸿却坚决表示愿留在广西，支持广西军民的抗日要求。

当时，徐悲鸿还没有看到统治集团之间的权力之争，只被"抗日"和"反蒋"的口号所激动，因此不计个人安危，但求民族精神之振奋。广西军政领导李宗仁、白崇禧、黄旭初等人对徐悲鸿这种态度十分敬重，给予很高的礼遇。

在南京的蒋碧薇眼看战事如弓在弦，一触即发，她决定亲自冒着危险，去劝说徐悲鸿赶快回来。她由上海乘轮船赴香港，由香港转乘火车至广州，由广州又转车至三水，然后乘轮船至梧州，由梧州乘小火轮来到广西壮族自治区南宁。正值炎热天气，她一路奔波，十分辛苦和焦虑。

徐悲鸿接到蒋碧薇将到达南宁的电报，无限欣喜和感激地去轮船码头迎接她，过去那些不幸的争吵仿佛已化为轻烟，他心中重新升起美好家庭的愿望。但是，两人单独相对时，却又开始了极不愉快的谈话。蒋碧薇郑重其事地说："你知道我是为什么来的吗？"

"我不知道。"徐悲鸿突然又感觉过去那种不和谐的气氛弥漫在他们之间。

"我是专程前来请你回南京的。"蒋碧薇一见面就亮出底牌说。"你明知李宗仁同蒋委员长闹对立，广西一小撮人和南京政府唱反调，为什么还要和他们同流合污？"

"住嘴！"徐悲鸿一拍沙发扶手，瞪大眼睛："谁同流合污？南京政府丧权辱国，专门与民众为敌，回去想想你自己的行为吧，那才叫同流合污！"徐悲鸿显得怒气冲冲。

随即想到蒋碧薇千里迢迢地赶来的辛苦，徐悲鸿不由深深地喘了一口气，亲切地说："你千辛万苦来到南宁，我本应跟你一同回去，但是，在目前的情况下，我不能走。广西全体军民强烈要求抗日，理应得到全国人民支持，何况现在广西被数十万中央军包围，我走，岂不变成了负义！"

"我知道，你心中永远没有我，你不愿负别人，就只愿负我，我千里迢迢而来，难道再让我一个人回去？"

"那么，你也留在这里，好吗？"悲鸿满怀希望地问。

"你真是异想天开！我对广西就反感，李宗仁、白崇禧这伙人是强盗，他们想造中央的反！"蒋碧薇缓和了一下自己的情绪，又说道："权威人士告诉我，只要你肯回南京去，政府给你留着位子。"

徐悲鸿站起身来说："原来你是充当说客的，是谁叫你来当说客的，是张道藩，还是陈立夫？"

徐悲鸿没有说错，蒋碧薇此次之行，是陈立夫秉承蒋介石的旨意，交代张道藩出面，亲自向蒋碧薇授意的。蒋碧薇明知不能说服徐悲鸿，可又无可奈何，只好硬着头皮成行。不想，头一次交谈，两人便不欢而散。

徐悲鸿的脸沉下去，真正感到"话不投机半句多"，他默不作声了。

在后来的日子里，徐悲鸿陪同蒋碧薇去游览了漓江，在桂林和阳朔逗留，但彼此心情落寞。

这天，正值广西当局召集"抗日会议"揭幕前夕，各地代表均已抵达南宁。李宗仁、白崇禧、黄旭初三位风云人物在省府礼堂，大摆宴席，招待群贤。蔡廷锴、蒋光鼐、徐悲鸿等名流毕至。

李宗仁首先走到徐悲鸿面前，盛赞他的为人，并提议为他的绘画艺术取得辉煌成就干杯。

席间，酒催人意，一些人站起来慷慨陈词，批评南京蒋介石政府违背民族利益，主张立即展开抗日行动。蔡廷锴将军更是无比激动，他用捏紧的拳头敲着桌子，大声说："凡有一点骨气的中国人，都不会置国土沦亡于不顾，谁不抗日，就不是炎黄子孙，就不是他祖宗的骨血！"说完，他举杯邀祝："为在抗日中捐躯的爱国志士们干杯！"

人们纷纷举杯响应，气氛非常热烈，令人振奋。

此时，徐悲鸿极为兴奋，酒也多喝了几杯，话也显得多起来了。蒋碧薇则心事重重地坐在一边，冷眼观望。她见徐悲鸿毫不动摇，知道此行难达目的。

不久，徐悲鸿从南宁飞机场送走了蒋碧薇。

之后，徐悲鸿在海外的《救国时报》上，发表了呼唤民众起来抗日的文章《新生命活跃起来》。

他又重新开始投入创作。他先后画了《风雨思君子》《晨曲》《古柏》《逆风》等国画，以寄托自己的忧国忧民之情。

在《晨曲》的画面上，光秃秃的枝丫纵横交错，许多小麻雀在叽叽喳喳歌唱，期待春天的到来。徐悲鸿特意在画上题字："丙子，春不至。"这道出了画家多么渴望人民生活中的春天到来，但春天却没有来。

《逆风》的画面也是画了一些小麻雀，正迎着狂暴的逆风，振翅疾飞，表现了画家的愿望和人民的反抗精神，富有强烈的时代气息。

《古柏》的画面描绘了在北平习见的古老柏树，巨干虬枝，郁郁苍苍，树下坐着一个人，那正是画家自己。悲鸿在画面上慨然题诗：

> 天地何时毁，
> 苍然历古今。
> 平生飞动意，
> 对此一沉吟。

在南宁，徐悲鸿还义愤填膺地写了一篇斥责蒋介石政府贪污腐败、卖国投降的文章，发表在广西的报纸上。没想到，这正义的呼声却招来了一场风波。

这篇文章不久就被一位惯于抄袭剽窃的上海画家翻印了数百份，分寄给国民党政府的党政要人，以讨好他们，并企图置徐悲鸿于死地。

后来，又有人假借中央大学学生会之名，登报攻击徐悲鸿反对蒋委员长，说他在需要加强国防之际，搞分裂活动，他已不能见容于南京国民党政府和文化界了。

当时中央大学艺术系的学生、地下党党员朱丹、徐萱等人十分气愤，募捐并联合同学登广告，用中央大学艺术系学生名义，斥责有人盗用中央大学学生会之名，对徐悲鸿老师进行攻击，指出这种行径极为可耻。

然而，徐悲鸿的言行却受到国民党反动当局的注意，以至这年9月初，国民党中央决定撤回包围广西的各路大军，采取和平解决的办法，紧张局势顿趋缓和的时候，徐悲鸿却不能归去。

几位好心的朋友从南京来信，劝他不要急于回南京。于是，徐悲鸿只好亡命广西。他又回到了桂林，放舟于漓江之上。

美丽的漓江不仅是徐悲鸿的良伴，而且成为徐悲鸿的安身立命之处。徐悲鸿经常乘一艘木船，漂流在漓江，过着与水上人家相似的生活。为他驾船的是一位40多岁的广西船夫，徐悲鸿亲切地叫他周大哥。

周大哥有一个独生子，已20多岁，在桂林街头摆小摊，卖点香烟之类的零星物品，他常和母亲一起到船上来。徐悲鸿和他们一起聊天，一起吃着那最简单的稻米和芋头。

水上人家的恬静生活唤起了徐悲鸿的创作欲望，从不肯停下手中画笔的他，在船上创作了国画《船户》，反映了劳动人民的生活。

有一天，徐悲鸿在阳朔舍舟登岸，见到阳朔镇上有一所破败的小屋。屋前有两棵高大的白玉兰树，正在盛开，朵朵繁花，艳如白雪。

徐悲鸿恋恋不忍离去。他忽然想租下这所小屋，和那位船夫周大哥一起住到这里，做一个阳朔的老百姓。他当时还刻了一方图章："阳朔天民"。

后来，这件事被李宗仁知道，派人去买下了那所小屋，加以改建，送给徐悲鸿。徐悲鸿虽然感激李宗仁先生的盛情，但他站在那白壁红窗、巍然屹立的房屋前，却感到怅然若失，他深深地怀念着原来那所小屋的天然情趣。

这时，南京中央大学艺术系的学生们，虽然十分盼望徐悲鸿回校教课，但有位上海画家已由国民党政府主席林森推荐，准备去代替徐悲鸿的位置，校长罗家伦也已决定聘请他。

艺术系的学生们得知后，立即向罗校长请愿，坚决拒绝那位能力浅薄的上海画家，强烈要求学校当局请徐悲鸿回来教课。罗校长说："不是我们不请他，是他自己不回来呀！"

学生质问罗校长："为什么学校不去信，请徐悲鸿老师回来呢？"

后来，由于学生们纷纷写信催促徐悲鸿回来教课，徐悲鸿才回到南京，又开始了他辛勤培养美术人才的工作。

为国画艺术奋斗

徐悲鸿对学生的要求仍极为严格。

有一次,学生冯谷兰生了一场病。病愈后回来上课时,徐悲鸿看到她画的素描,形有点不准确,十分严厉地说:"你病了一场,把聪明都病掉了,应该打两下手心!"

他对学生的素描习作,要求高度准确,不允许有一线之差。但是,他并不要求学生都学他的画法,善于引导学生向各自的长处发展。

学生沙耆在塑造形体时,善于用大块的面来表现体积感,画得比较朴实,很少用华丽闪光的色彩,喜欢用灰调子,但却能表现本质的东西。

徐悲鸿很赞赏,不断地表扬他。学生问德宁的色感很强,他的习作色彩很丰富,只是素描差一些,造型不十分严格。但是,他有自己特有的色感,有个性,别人代替不了他。徐悲鸿也很鼓励他,说他很有发展前途。很可惜问德宁不幸早逝,这是非常令人遗憾的。

12月12日,爆发了西安事变。张学良和杨虎城出于爱国热忱,逮捕了蒋介石,并通电全国要求停止内战,联合共产党共同抗日得到了全国人民的热烈支持,蒋介石也被迫接受停止内战和联合抗日的条件。这使抗日民族统一战线有了初步形成的可能,为发动全国抗日战争做了有利的准备。

1937年1月28日,徐悲徐悲鸿缅怀淞沪抗战,创作了国画《壮烈之回忆》。在画面的右上角题写了:

廿六年一月廿八日，距壮烈之民族斗争又五年矣，抚今追昔，易胜感叹。

这幅国画以高叫的雄鸡，象征全国人民对光明的渴望和期待。随后，他又创作了《风雨鸡鸣》。画面描绘了"风雨如晦，鸡鸣不已"的时代感，抒发了画家渴望漫漫长夜逝去，黎明即将到来的心情。

这个时期，徐悲鸿精力充沛，创作颇多。祖国的多灾多难和动荡不安，使他越来越紧密地把自己的创作同民族的命运、祖国的安危融合在一起。

这一年春天，徐悲鸿携带他的作品赴长沙、广州、香港举办画展，积极宣传抗日。在长沙画展时，由于观众拥挤，致使楼板坍下，几乎造成大祸。

画展圆满结束，徐悲鸿准备由香港转赴桂林。在那里，他创作了有名的国画《漓江春雨》，描绘了祖国河山的美丽，以表达人民在国破家亡之际，对祖国壮丽河山的爱恋。

1937年7月7日，卢沟桥的炮声燃起了中国人民全面抗日战争的烽火。8月13日，日军大举进攻上海，威逼南京。

正在桂林的徐悲鸿急忙赶回南京，打算将家小全都接到桂林去。但是，蒋碧薇却坚决反对。

徐悲鸿盼望与蒋碧薇言归于好。但是，他没有想到蒋碧薇已堕落成为张道藩的情妇。当时，国民党政府已经准备迁往重庆，而张道藩暂时还在南京，蒋碧薇宁愿留在南京。要走，也只愿到重庆去。于是，徐悲鸿只好留下一笔路费给她，自己匆匆返回广西了。

不久，中央大学迁往重庆，学生们又纷纷要求悲鸿回校教课。徐悲鸿于这年10月，回到中央大学。

刚刚迁到重庆的中央大学，校舍简陋，绘画材料也很匮乏。徐悲鸿帮助学生们从各方面克服困难，用猪鬃做油画笔，找油漆工厂做油

画颜料，忙于为学生奔波。有些学生情绪低沉，他极力鼓励他们，使他们精神振奋起来。除了课堂作业，他还教学生们画宣传画，让他们积极投入抗战的洪流中。

徐悲鸿住进中央大学的单身宿舍，过着孤寂的生活。只有用教学和创作来取代他个人生活中的不幸，也只有教学和创作才能使他感到欣慰。

中统特务头目张道藩，这个在绘画上一无所成的国民党政客，既嫉妒徐悲鸿的才能，又痛恨徐悲鸿不愿为国民党所用，便通过蒋碧薇的手，来对徐悲鸿施加迫害和报复。

1937年的农历除夕，在人们的鞭炮声中，徐悲鸿独自一人在嘉陵江畔照路而行。家庭的温暖已变成遥远的往事了。在家家户户团聚的除夕之夜，他不禁想起了自己的童年，想起了远在沦陷区的老母和弟妹，国破家亡的辛酸感触，弥漫在他心里。

在寂静无人的岸边，忽然有一个身背竹篓、捡拾破烂的妇人蹒跚地向徐悲鸿走来。她衣衫褴褛，两只饥饿的眼睛射出可怕的光芒。

这个在除夕夜晚还惶惶地寻找生活的妇人，蓦然出现在徐悲鸿面前，引起了他强烈的同情。他急忙伸手到衣袋里，掏出所有的钱，塞到那个妇人手中。

就在这一瞬间，徐悲鸿仿佛看到了20多年前在黄浦江畔的那个阴冷而可怕的夜晚，他仿佛又听到了江水的呜咽和叹息。时间过得多么快，他已40多岁了，但这个社会仍是那样，什么也没有改变。

他急匆匆地跑回宿

舍，在寒冷的灯光下，研墨挥笔，默画了那个妇人的形象，这就是他的国画《巴之贫妇》。在画的右上角，徐悲鸿感慨地题写了如下的词句：

丁丑除夕，为巴之贫妇写照。

在重庆，徐悲鸿尽管个人生活遭到极大不幸，但他的创作热情并没有因此而稍减，仍旧不停地用他那支画笔，抒发他对国家命运的忧虑和对劳动人民的同情。

徐悲鸿在重庆，发现这个依山而筑的城市，房屋层层上升，街道也是上上下下的斜坡，有层层而上的石梯。在他住的沙坪坝，常常看见许多人用双肩挑水，爬越百丈以上的阶梯，将一担水送上岸来。这种极为艰苦的劳动，深深触动着艺术家的同情心。

徐悲鸿经过长时间的仔细观察，创作了国画《巴人汲水》。在这幅长 2.95 米，宽 0.635 米的画面上，徐悲鸿深刻描绘了劳动人民的艰辛。

卢沟桥事变后，出现了国民党战场的大溃败，继平津陷敌之后，1937 年 11 月，日军占领上海，12 月南京又失守，武汉岌岌可危。

许多不愿做亡国奴的同胞纷纷逃到后方，扶老携幼，流离失所。为了筹款捐助这些无家可归的难民，也为了向华侨和在国外宣传抗战，徐悲鸿决定去新加坡举行画展。

当时，为避免敌机滥施轰炸，徐悲鸿曾将自己的全部作品，存放在桂林七星岩岩洞内。由于需要携带一部分作品出国展览，1938 年 7 月，徐悲鸿离开重庆去桂林。

然后，由广东沿西江东下，拟赴香港，再从香港去新加坡。但是，由于广州沦陷，他在西江漂流了月余。船到西江江门，附近有一个著名的小城市，约 50000 人口，名叫四会。那里有一位画家陈先生，曾在广州美术学校任教，听说徐悲鸿路过此地，特来船上访问，并邀徐悲鸿至其叔父家餐叙。

饭后，陈先生拿出一幅他自己的作品《西江寻梦图》请徐悲鸿观赏。这是陈先生应他的叔父所请而作的。他的叔父有一位爱子，17岁去世，心中万分悲痛，所以请陈先生作此图纪念。

徐悲鸿虽然很称赞陈先生的技法，但是，他一眼就看出这张画的缺点，幽默地说："此图可题为'长江寻梦图'或改为'黄河寻梦图'否？甚至叫黑龙江寻梦图也无不可。"

陈先生愕然："那么，徐先生，我应当怎样画，才能叫'西江寻梦图'呢？"

徐悲鸿微笑着说："既然是广东西江，就应当有确指地域和环境的标志。如果用屋宇表示，广东房舍的结构与别处不同；如果用植物表示，如长江以北少竹，黄河以北更罕见。就竹而分，广东、广西多是丛生的翠竹，不像江浙、湖南、湖北、安徽、江西等地竹能成林。再有，福建、广东多见垂根之巨榕，湖南、江西、四川也有榕树，但不垂根，而叶大。这也是区别之处。但据我看，芭蕉在广东省，结实累累，在江浙、四川的芭蕉便只开花，很少结实。而广东近热带，多参天的棕树，如在图中多画几株高大的棕树和结实累累的芭蕉，便自然不可改易地域了。"

陈先生恍然大悟，连连点头称是，心里惊叹眼前这位艺术家竟对祖国地理、植物如此熟悉。

徐悲鸿爱画如命，特别对有价值的艺术品，更视为生命一般珍贵。为此，他特意刻了枚方形印章，上边刻着："悲鸿生命"四个梅花篆字。凡属名贵藏品，他都要工工整整地盖上这个印记。

在他收藏的数以万计的艺术品中，有一幅名曰《八十七神仙卷》古画。这幅相传是唐代的作品，可以说是我国历史上最珍贵的人物画之一，也是研究我国艺术遗产的极其难得的资料。徐悲鸿特别喜欢这幅《八十七神仙卷》古画，视若自己的"生命"了。

早年，徐悲鸿就听说这一珍奇国宝去向不明，便时时、处处留心，朝思暮想要找到这幅画。但他从国内找到国外，都没找到它的踪迹。事情往往异常奇巧，叫作"踏破铁鞋无觅处，得来全不费工夫"。

1938年底，他到南洋举办画展，这年年底，徐悲鸿到达香港。

有一天，作家许地山先生及夫人介绍徐悲鸿去看了一位德籍夫人收藏的中国字画。这位夫人的父亲在中国任公职数十年，去世后，遗产由其女儿继承，其中有4箱中国字画。但她对中国字画竟一无所知，便托许地山夫人为她觅人销售。

因此，当徐悲鸿来到她家时，她十分欢迎，亲自将4箱字画打开。徐悲鸿先看了第一箱，又看了第二箱，从中挑出两三件他欣赏的佳作。看到第三箱时，徐悲鸿的眼睛陡然一亮，一幅很长的人物画卷奇迹般地出现在面前，顿时他展开画卷的手指因兴奋而颤抖起来，他的心欢快而激烈地跳动着。他几乎是叫喊道："下面的画我都不看了！我只要这一幅！"

德籍夫人愣住了，她仍请求徐悲鸿继续看下去。但是徐悲鸿连连摇头说："没有比这使我更倾心的画了！"

当即商量价格，徐悲鸿因手头的现金不足10000元，提出愿意再加上自己的作品7幅，作为交换。

德籍夫人思索了一会儿，表示同意。这就是徐悲鸿为之神魂颠倒的唐画《八十七神仙卷》。这是一幅白描人物手卷，绢底呈深褐色。画面有87个人物，列队行进，飘飘欲仙，那优美的造型，体态的生动，遒劲而富有生命力的线条，虽然没有着任何颜色，却产生渲染的效果，展现了我国古代人物画的杰出成就。

徐悲鸿十分推崇我国传统的线条白描技法。他认为："线条必须综合渲染作用，方为尽其能事。"《八十七神仙卷》是达到这个境界了。

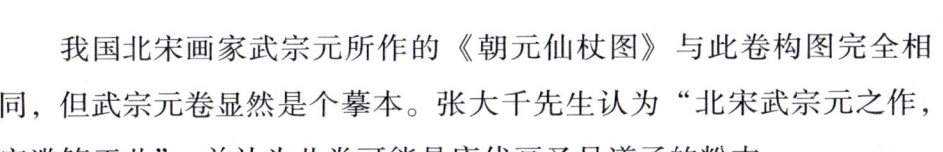

我国北宋画家武宗元所作的《朝元仙杖图》与此卷构图完全相同，但武宗元卷显然是个摹本。张大千先生认为"北宋武宗元之作，实滥觞于此"，并认为此卷可能是唐代画圣吴道子的粉本。

徐悲鸿也认定，非唐代高手不能为，并在画面加盖了"悲鸿生命"的印章。

当时，这是在国内仅见的唐代人物画卷。除此之外，便只有后来曾归张大千先生收藏的《韩熙载夜宴图》。徐悲鸿能为这件流落外国人之手的国宝赎身，使它回归祖国，是他平生最快意的事。

徐悲鸿携带着重新装帧并加了题跋的《八十七神仙卷》，来到香港，请香港中华书局照相制版，用阿罗版精印。但他来不及等待出版，就起程赴新加坡了。

从南洋归来，徐悲鸿把画卷加以整修，使画面完全恢复了本来面目。谁见了这幅画，都要加以赞美。懂行的人更是连连说是"难得的珍品""少见的神品"，以一睹为快。

徐悲鸿也不保密，经常拿出来给同事和学生们欣赏、研究。有人劝他小心，他说："物尽其用，这样才可以发挥更大作用啊，只是收藏物，有何价值？"他万万没想到，这幅画被人盯上了。

1942年秋末，《八十七神仙卷》运往昆明时，徐悲鸿突然发现画卷不翼而飞了。徐悲鸿焦急、惊愕、不知所措，经人提醒，他才跑去报告了警察局。此后，虽然是侦骑四出，但是《八十七神仙卷》还是无影无踪。

一向将《八十七神仙卷》古画视若生命的徐悲鸿，心情变得十分忧郁。他觉得这是自己生平以来一件很大的不幸。他食不甘味，睡不安寝，人一下子憔悴了，最后终于病倒了。病中的他常常在睡梦中惊呼《八十七神仙卷》。

1943年秋季的一天，一位姓刘的将军找到徐悲鸿，悄悄地说："徐先生，我在成都一处地方发现了你的国宝《八十七神仙卷》。"

徐悲鸿一听，大喜道："你看真切了？"

那位将军说："当然是真的，我何以能骗你。不过，徐先生，丑话说在头里，你必须舍得拿出法币10万元，我方能将《八十七神仙卷》拿到手，然后物归原主。"

徐悲鸿忙说："好，好，只要能把《八十七神仙卷》拿到手，何惜金钱，10万就10万，我们一言为定，你我虽非至交，也不陌生，对你此举，我当重谢。"

徐悲鸿送走刘将军，心情顿觉轻松，脸上露出了少有的微笑。

经过一番周折，刘将军终于把画卷拿回来了。当徐悲鸿从将军手里接过画卷时，激动得两手发颤，热泪盈眶。他急切地打开画卷，仔仔细细地看着。

一个小时，两个小时过去了，徐悲鸿捧着画，犹如一位慈爱的母亲见到久别的儿子。可惜，眼前的《八十七神仙卷》由于盗窃者的改装，有关考证的题跋印章全被割去，面目今非昔比了。

唯一让徐悲鸿感到宽慰的是画面本身并无损伤，87位神仙的优美线条一点儿也没改变。

经过这次失盗，徐悲鸿更加谨慎地收藏这件珍品，一直把它带在身边。他还写了一首诗，用以自责自警：

想象方壶碧海沉，帝心凄切痛何深，

相如能任连城璧，负此须眉愧此身。

既得而愧，遗恨万状，赋此自忏。

1938年初，徐悲鸿在赴新加坡途中，给孩子写了一封短信。信中写道：

伯阳、丽丽两爱儿同鉴：

> 我因要尽到我个人对国家之义务，所以想去南洋卖画，捐献国家。

一年之后的 8 月，他在给丽丽的信中仍坚持在外，写道：

> 在国家大难临头之际，各人须尽其可能的义务。

徐悲鸿跋涉在异国的土地上为抗日募捐经费，他时刻关注着祖国大地上战争烟云。

新加坡依旧像一座美丽的花园，欢畅地迎接徐悲鸿的到来。阳光炽热而明媚，那些高达数丈的椰子树像一把一把张开的巨伞，快乐地在阳光下迎风摇摆。

这是徐悲鸿第三次访问新加坡，重逢许多旧友，倍增亲切之感。

徐悲鸿的油画《放下你的鞭子》，在新加坡几乎无人不晓。它是 1939 年秋，徐悲鸿在新加坡"江夏堂"完成的名画之一。

在新加坡街头，新中国剧团的几位同事正在演出街头戏《放下你的鞭子》。扮演戏中主要角色香姐的，是中国著名演员王莹。

观众围得水泄不通，树杈上也坐满了观看的人。挤在人群中看戏的有郁达夫夫妇、胡愈之夫妇，还有一边看戏、一边作速写的徐悲鸿先生。

《放下你的鞭子》，是抗日战争期间演出最多、影响最大的"街头戏"。剧中叙述了一个逃难入关的老人在日军占领东三省后，为了生存带着他那俊美而又能歌善舞的女儿香姐，而不得不在街头卖艺。

香姐的动人歌舞，吸引了许多观众。可是香姐饥饿难忍，在表演时，突然昏倒在地，竟使观众喝了倒彩。

香姐的亲爹眼看着一顿晚餐钱落了空，激情迁怒之下，鞭子抽在了自己心爱的女儿身上。

但他很快就醒悟了，又含泪赶快去抚慰受伤的爱女："啊，我疯了！天哪，我用鞭子抽打我亲生的女儿。啊，可怜的孩子，你能原谅你父亲我吗？"

女儿香姐流着两行热泪说："爸爸，我哪能怪您啊！您也是没法子啊！我知道，不是您的鞭子在打我，是那些日本鬼子，那些万恶的日本鬼子拿着鞭子在打我！"

老爹、女儿心中的仇恨，引起了观众的强烈共鸣。最后在爱国观众的同情、鼓励和支持下，父女俩一起加入了抗日游击队。

徐悲鸿当年在新加坡，几次在街头观看了王莹的演出。对王莹，对她演出的《放下你的鞭子》，徐悲鸿并不生疏，他早在北平和上海便熟知王莹是个"文艺明星"。

在武汉，他也曾观看过王莹主演的《放下你的鞭子》，而且深受感动，还为此作过画。

在新加坡，徐悲鸿再次观看王莹的演出，依然看不够。而王莹女士亦久仰徐悲鸿大名，并十分称赞他的人格、画品。

当徐悲鸿在新加坡第一次见到王莹时，两人一见如故。徐即刻邀请王莹到他的寓所"江夏堂"叙谈。当时已是地下党员的王莹，开诚布公地向徐悲鸿介绍了国内的抗战情况，两人越谈越投机，日后成为经常谈心的挚友。

半个多月后，徐悲鸿精心绘制的这幅油画终于完成了。为祝贺它的诞生，新加坡的一些爱国华侨在"江夏堂"隆重举行宴会。

《放下你的鞭子》成为新加坡人民最喜爱的名画之一。为了满足广大爱好者的需要，还特别赶制了精美的印刷品、明信片，在南洋各地广为发行。

这张油画传遍南洋各地，徐悲鸿与王莹的真挚友情也随之加深。1943年玉莹和丈夫谢和赓在美国深造经济上遇到困难时，徐悲鸿给王莹写了一封感人至深的信：

莹弟惠鉴：

　　我接连得到你几封长信，使我感愧。

　　我当年从不欠人函件，近来大变，竟不爱写信，你那种奋励精神，朋曹无不感动。

　　我有数千美金交语堂先生保管，闻被冻结，但至少有800美金可动用。你如有急需，可以附函寄去取用。倘若不愿，可作为借款，待他日还我即可。

　　弟学成归来，我将写弟十次八次，只要你不怕麻烦。纸尽灯昏，伏维为艺自爱。

徐悲鸿

　　徐悲鸿在新加坡的时候，画家李曼峰先生和书法家陈之初先生先后来看望了他。

　　李曼峰先生是一位杰出的油画家，后来，曾担任过苏加诺总统府的画师。他描绘的地方风情和人物肖像丰富多彩，他的作品光华灿烂，像美丽的乐章。

　　徐悲鸿为他的画集撰写了序言，并称赞他"极负才气，油绘富丽而浓郁，在国中也少见"。李曼峰先生也有过坎坷的人生经历，但他以超群的才华和坚强的毅力，克服了一切困难，终于成为誉满国内外的油画家。

　　书法家陈之初先生不仅以浑厚洒脱、极具功力的书法闻名，而且是美术鉴赏家和收藏家。他后来曾将自己收藏的任伯年的作品，编成一个内容丰富的《任伯年画集》。徐悲鸿欣然为这本画集撰写了《任伯年评传》。

　　为了宣传抗日和让更多的华侨了解祖国沦陷的真实情况，徐悲鸿不惜付出更多精力和时间与各界华侨交往。因而他也结识了南洋一些著名的画家。有善画水彩风景画的杨曼生、许西亚,有创出油画新风格的刘抗等。他在后来的回忆中还曾写道:

> 潮州人张汝器,早年赴法、德两国学画,功力很深。
> 归至南洋新加坡,与妹夫庄有钊及建筑家何光耀倡导美术,连年举行作品展览,作品多而且好,又热心公益。
> 新加坡沦陷,三人皆殉难,至堪痛惜。

在新加坡,华侨占当地居民的大部分。他们热爱祖国,当他们更深切地了解到祖国被日军铁蹄践踏的悲惨情况后,都积极支持悲鸿的筹赈画展。

徐悲鸿在南洋各地举办画展,辗转 3 年,卖画所得 10 万余美元全部捐献祖国抗战事业。

积极地宣传抗日

  1942年夏日,徐悲鸿返回祖国,到达重庆。中央大学艺术系的师生们挑着"噼啪"作响的鞭炮,拥向前去,热烈欢迎徐悲鸿的归来。

  第二天,徐悲鸿便穿着墨迹斑斑的蓝布长袍出现在讲坛上。他环顾一下挤得满满的课堂,说:"同学们,诸位听课老师,我来讲个故事吧!在三年前,四川省招考一批中学美术教员,聘我主考。我先在黑板上画了棵黄桷树,树下站了个四川人。

  "当时有人站起来说:'徐先生画得不对,黄桷树和四川人在芥子园画谱上没有。'

  "我笑问道:'芥子园画谱上有飞机大炮吗?'

  "那人摇头说'也没有'。

  "我又问:'要是叫你画一幅我们抗战胜利了的作品,你怎样来表现呢?'他不言声了。我接着说:'画是从生活中来的,生活又是丰富多彩、千变万化的。学画不能受什么画谱的限制,如果那样,中国画就走进了牛角尖。你们都是四川人,爱吃辣子,而黄桷树几乎是四川特有的树,如果连家乡的树都不会画,那还算什么美术教师啊!'大伙一听都乐了。"

  徐悲鸿提高嗓门继续说:"我讲这件事,用意是想说明,作画只能以造化为师,绝不应以什么画谱为师。比如画马就拜马为师,画树就拜树为师,画什么就拜什么为师。同学们在艺术系里学画有一个弱点,那就是了解生活不够。怎么弥补呢?那就要经常不断地到人民大众中去生活、去写生。"

掌声骤起，震耳欲聋。有人狂热地喊道："见解非凡，名不虚传，真乃艺术大师也！"

一个勤劳的艺术巨匠，是永远也不寻求消闲的，徐悲鸿就是这样的人。他走下课堂，又忙着看学生们的作业。他不仅会指出学生作品中的一些问题，而且还会经常鼓舞学生，并且尽可能地在各个方面来帮助学生们。

1940年春，徐悲鸿应印度诗人泰戈尔之邀，赴印度国际大学讲学。

印度是我国亲近的邻邦，而泰戈尔先生是印度杰出的诗人和文学家。人们称他为印度近代文学之父。他也是一位爱国主义者和民主主义者，中国人民尊敬的朋友。徐悲鸿在国际大学所在地圣蒂尼克坦，和泰戈尔先生一起度过了许多美妙的时光。

圣蒂尼克坦是和平村的意思，它美丽而宁静。那些硕果累累的芒果树，似火如霞的木棉花，鸟儿柔婉不倦的歌声等，都伴随着泰戈尔优雅的言谈和举止，长久地留在徐悲鸿的记忆中。

在印度，徐悲鸿利用各种机会，在私人交往中，或在公开的场所讲演，都积极宣传中国的抗日战争，以取得印度人民的同情和了解。他在那里除了给国际大学的美术学院讲课和社交活动外，仍然继续从事创作。他为国际大学的许多学生以及一些民间艺人画了速写，如《鼓者》《琴师》等。他还为泰戈尔先生画了10多幅素描、速写、油画及中国画的肖像。

泰戈尔先生始终如一地对中国怀着热爱和同情。他深切关怀中国的抗日战争，并多次向徐悲鸿赞颂中印两国人民永恒不渝的友谊。

1940年2月17日，年事已高的印度圣雄甘地先生访问圣蒂尼克坦。泰戈尔先生亲自将徐悲鸿介绍给甘地，并建议举办徐悲鸿的画展，以加深中印两国人民的友谊。

甘地表示赞许。徐悲鸿在拥挤的人群中，以短短几分钟的时间，便为甘地先生画了一幅速写像。甘地先生高兴地在画上签了名。

徐悲鸿在印度讲学、举办画展之际，他得知鄂北战场打胜仗的消息，立即泼墨作《群马图》，并题词："二十九年五月，昔有狂人为诗云'一得从千虑，狂愚辄自夸。以为真不恶，古人莫之加。'"

当徐悲鸿到达喜马拉雅山之大吉岭时，又题："鄂北大胜，豪兴勃发。"

画展先后在圣蒂尼克坦和加尔各答两地举行，泰戈尔先生亲自为画展撰写了序言。他在序言中写道：

> 美的语言是人类共同的语言，而其音调毕竟是多种多样的。中国艺术大师徐悲鸿在有韵律的线条和色彩中，为我们提供一个在记忆中已消失的远古景象，而无损于他自己经验里所具有的地方色彩和独特风格。
>
> 我欢迎这次徐悲鸿绘画展览，我尽情地欣赏了这些绘画，我确信我们的艺术爱好者将从这些绘画中得到丰富的灵感。既然旨趣高超的形象应由其本身来印证，多言是饶舌的，这样，我就升起谈话的帷幕，来引导观众走向一席难逢的盛宴。

徐悲鸿心念着灾难深重的祖国人民，又利用这两次画展，将筹得的一笔画款全部捐寄祖国，救济难民。

一天，徐悲鸿头顶烈日，走到正在修筑滇缅公路的士兵中间，士兵们为抗战胜利而豁出命干活的情景，深深打动了他，他不停地速写。

徐悲鸿不由想起了《列子·汤问篇》中的故事《愚公移山》。这是中国人民喜爱的一则寓言故事。它教导人们，只要有坚强的毅力，持之以恒，终能战胜一切困难。

当时，正是抗日战争最艰苦的年代，但徐悲鸿坚信，中国人民以愚公移山的精神艰苦奋战，一定能移掉压在我们身上的两座大山——封建主义和帝国主义，一定能取得抗日战争的最后胜利。徐悲鸿正是怀着这样的坚定信念创作《愚公移山》的。

他感觉，我们要想战胜日本侵略者，不正是需要愚公当年这样的精神吗？他就参照修筑滇缅公路的形象，把那美好的故事表现出来。徐悲鸿按照自己的创作程序，访问、写生、收集研究资料、构思主要人物形象，画出一张又一张草稿。

夜深人静，居住在印度国际大学的徐悲鸿，正聚精会神地作画。突然，一个人走过来轻轻拍了拍他的肩膀。他偏头一瞧，原来是国际大学校长泰戈尔。

徐悲鸿忙搁下笔说："泰翁，如此晚了，还没休息吗？"

泰戈尔笑道："何尝不是太晚，我正是为此而来，劝你歇着的。"

两人攀谈起来，泰翁兴致勃勃地说起当年游历中国时的情景。当时，也是这样的深夜，船在长江上航行，他站在甲板上远眺，疏落的村舍在宁静的月光下酣睡，星点的灯火从茅屋里发出诱人的光，多么亲切啊！他恨不能一步跨上岸，唤醒村庄，叩开门户，向中国朋友问好！倾吐对中国人民的感情。

徐悲鸿听着，感叹道："可惜，昔日的灯火已被熄灭，日本侵略者正在到处点燃起战火！"

泰翁说："和平美好的灯火定然会在贵国土地上重新处处燃起，我坚信这一点，你的画笔不也就是一支点燃灯火的火把吗！"

在徐悲鸿的卧室里，到处是一张张素描稿，一心扑在创作上的徐悲鸿夜以继日。由于长时间的废寝忘食，徐悲鸿的胃病发作了，他用左手使劲按住痛处，额头上沁出了滴滴汗珠，右手仍不停地刷刷作画。

随后，徐悲鸿赴大吉岭，在那里继续创作他构思已久的国画《愚公移山》。

奋斗了近一年，徐悲鸿终于完成了《愚公移山》。光辉的巨幅彩墨画卷《愚公移山》，抒发了徐悲鸿坚持不懈的战斗精神，激励着中国人民抗战到底！

这幅国画画面宽 4.24 米，高 1.43 米，描绘了正在开山凿石的壮观场面。每个人物都有模特儿，都画了极精确的素描稿。愚公白发长须，拄锄而立，开山者体魄健壮，挥锄掘石。整个画面表现了那种坚强的精神和强劲无比的力量，给人们以巨大鼓舞。

这一巨幅画卷，在笔墨的运用和造型方法上，除了继承，更有创新。人物个个栩栩如生，呼之欲出。画面开阔，气势磅礴。

画面上在大山脚下，一个个身强力壮的愚公的儿孙们，为打通前进的道路，正豪迈地挥镐舞耙，开山劈岭，搬土运石，挖山不止。画面的左方显示了老愚公和京城氏寡妇正在对话的生动场面。

愚公笑容满面，指着靠在她身边的孩子，似乎在说："我死了，还有这些可爱的孩子接着干，子子孙孙，还怕移不走这两座山吗？"

泰戈尔看了《愚公移山》后，兴奋得连连赞好。

从徐悲鸿驻地大吉岭遥望雄伟的喜马拉雅山，景色无比壮美。他怀念在喜马拉雅山另一侧的祖国，于是创作了国画《喜马拉雅山》、《喜马拉雅之山林》和油画《喜马拉雅山之晨雾》。在创作之余，徐悲鸿还参谒了许多古老的寺庙，惊叹印度古代艺术的辉煌成就。

徐悲鸿也曾骑马驰骋在异国漠漠的荒野，一直漫游到克什米尔。他迷恋着那些美丽而剽悍的骏马。那些马尖尖的耳朵，宽阔的鼻子，像风箱般的胸脯，缎子一样闪光的皮毛，还有那高头长腿，蹄子就像钢铁铸成的，奔驰起来如同疾风闪电。

他更深刻地了解了马的驯良、勇猛、忠实、耐劳、无怨的性格，成了马的知心朋友。从此，他画的马更加雄健，他用泼墨写意或兼工带写，塑造了千姿百态的马，有的昂然挺立，有的回首长嘶，有的腾空而起，有的四蹄生烟。

1940年11月，徐悲鸿结束了访印的行程。他回到圣蒂尼克坦，向泰戈尔先生辞行。泰戈尔先生正值病体稍愈，披着那有波纹的长发和美丽的银须，躺卧在长椅上。

泰戈尔听说徐悲鸿要离开印度，希望徐悲鸿能为他选一选画。

泰戈尔先生60余岁才开始作画，到80岁时，已作画2000余幅。他所用的作画工具有中国和日本的墨，西洋画的水彩、水粉、铅笔、粉笔、油色，题材也多种多样。他的绘画曾在巴黎、伦敦、莫斯科举行展览，脍炙人口。

于是，徐悲鸿与国际大学美术学院院长南达拉尔·鲍斯先生用了整整两天时间，将泰戈尔先生的2000余幅作品一一检视，挑选出精品300余幅，最精者70余幅，交国际大学出版。

泰戈尔先生十分满意，对徐悲鸿表示深深的感谢。

徐悲鸿怀着黯然神伤的心情，与病中的泰戈尔先生依依作别。后来徐悲鸿在新加坡，得知泰戈尔先生与世长辞的噩耗时，悲痛万分，深切怀念这位中国人民的老朋友。

1940年11月，徐悲鸿向印度告别，踏上了赴新加坡的旅程。这是他第四次来到新加坡。在这里，他留下了许多美好的回忆。多少亲切的笑脸在热烈迎接他，那些热爱祖国的华侨都像亲人般地真诚待他。

这时，吉隆坡、槟城、怡保的华侨都邀请徐悲鸿前往举办为祖国捐输的筹赈画展，这使徐悲鸿异常激动。能为抗战中的祖国多做一份宣传工作，能为苦难中的同胞多尽一份力量，这正是他日夜盼望的。徐悲鸿踏上新加坡土地不久，便开始为这三个画展夜以继日地工作起来。

1940年岁末，新加坡盛暑天气。徐悲鸿每天每夜都挥汗如雨地作画，他要准备大量的作品，以便同时在3个画展中出售。他作画时又习惯于站着，而且从不马虎，总是一丝不苟。此时，国家的危亡，民族的苦难，占据着他整个的心胸，使他在享有盛名的时候，仍能如此忘我地工作。

日日夜夜的煎熬使他突然病倒了。徐悲鸿感到腰部剧烈地疼痛，就如同被人折断了一样，不仅不能弯腰，也不能行动，被迫在病床上躺下来。但是，他一想起祖国艰苦的抗战，在他面前就时常出现那些被屠杀的同胞血肉横飞的惨状，那些被战争驱赶的难民流离失所的情景。他一刻也不能安宁。

正是这种对祖国和同胞的强烈热爱，使他在腰痛并未痊愈时，不顾医生劝阻，顽强地从病床上爬起来，重新拿起画笔，继续投入紧张的创作中。

不幸，从此便种下了腰痛的病根，和他在巴黎时因饥寒交迫而患的肠痉挛症一样，开始不断地、长期地折磨他，直至他去世。

1941年，在吉隆坡、槟城、怡保三个城市，先后举行了徐悲鸿的筹赈画展，受到当地人民和爱国华侨的热烈欢迎，盛况空前。

华侨们都以买到徐悲鸿的画为荣。每当徐悲鸿穿着浅色的西服，胸前打个黑色的大领结出现在展览会场时，热情的观众们便紧紧地围住他，每个人都抢着递上自己的小册子，请他签名留念。

兴致勃勃的徐悲鸿就利用机会，和大家攀谈，尽力宣传祖国的抗日战争。有时，他应邀到各处讲演，便大声疾呼，请海外侨胞多为苦难中的祖国尽力。许多华侨受到他的爱国精神感染，和他结成了好友。

就在他举办筹赈画展之际，听到长沙会战消息，他夜不能寐，连夜画了大幅奔马，并写道："辛巳八月十日第二次长沙会战，忧心如焚，或者仍有前次之结果也，企予望之。"

华侨们踊跃支持抗战，每次画展，他们都竞相抢购，以买到徐悲鸿的画为荣。徐悲鸿把3个画展筹得的巨额收入，全部捐献给了祖国。不久,美国援华总会也来邀请徐悲鸿赴美举行画展。徐悲鸿再一次回到新加坡,积极为赴美画展做准备,他又开始不知疲倦地埋头作画了。

1941年11月底,徐悲鸿将自己的画册、照片、展览会资料等全部寄往纽约,他的作品也已装箱,准备托运。然而,没过几天日本就偷袭了美国在太平洋的海军基地珍珠港,同时向新加坡进攻。新加坡猝不及防,陷于一片混乱之中。

徐悲鸿连夜匆忙离开新加坡,经海路至缅甸。当时交通十分困难,时间又急迫,他来不及携带全部作品,有40幅油画遗留在新加坡一所华侨小学内。

新加坡陷落后,日军开始捕杀大批爱国华侨。徐悲鸿积极宣传抗日是尽人皆知的。那所小学惧祸,恐因他的作品受到连累,不得已将这40幅油画沉到一个井底,结果全部遭到毁坏。

这件事给予徐悲鸿极其沉重的打击!因为那都是他油画中的精品,数十年心血的结晶,竟毁于一旦。

徐悲鸿由缅甸到达云南边境。他沿路都在日本飞机的空袭下紧张地奔波,疲乏困顿达到极点,但守关的国民党士兵却照例要检验行李。

徐悲鸿看到他们翻箱倒箧,弄得满地狼藉,不堪收拾的情景,便忧愁地望着身边那几只庞大的画箱,担心它们遭到厄运。迫不得已,他掏出身上的名片,求见关上的负责人。

等了不久,一位身着戎装的中年人走了出来,面带微笑地说:"徐悲鸿先生,久仰大名了,请到里面坐吧!"同时,将他自己的名片递给徐悲鸿。

悲鸿看了他的名片,急忙说:"黄先生,我的这些画箱能否不打开检查呢?这些都是我自己的画,绝没有别的东西。"

黄先生热情地同意了徐悲鸿的要求。

徐悲鸿非常感激，以至于当这位黄先生向他求画时，他十分高兴地送给他两幅画。

徐悲鸿进入国境，来到云南边陲重镇保山，在这里略事休息。为了节省，他每天去一家小吃店，以烧饼代餐。

不久，徐悲鸿又辗转来到了昆明。和他们同时来昆明的，还有一位从新加坡逃难出来的刘将军。徐悲鸿在新加坡举行画展时，刘将军来参观，几位爱国华侨特意将他介绍与徐悲鸿认识。

据说这位刘将军曾是抗日将领马占山将军的秘书，上海沦陷时，被日军逮捕，逼迫他出任伪职，他严词拒绝，因此受到监禁和非刑拷打。后来，得到监狱内的爱国志士帮助，才逃出虎口。当他来到新加坡时，许多爱国华侨听到他述说这一段经历，都肃然起敬，徐悲鸿也同样对他表示了深深的敬意。

在昆明，徐悲鸿还举行了劳军画展，将那些准备在美国展览和出售的画移在昆明展览，受到昆明各界的热烈欢迎。他又将卖画的全部收入捐献祖国，以慰劳前方将士。

在昆明，也和在其他地方一样，许多好学求画的青年都慕名来找徐悲鸿。一天，一个衣着简朴的青年拿着自己的画和雕塑来找徐悲鸿。徐悲鸿细心地观看着这个青年的作品，十分欣赏这些带有生活气息的雕塑和绘画。

这个青年叫袁晓岑，他出生在贵州苗汉杂居的一个小山村里。从小就喜欢拿木炭在地上、墙上画他放牧的牛、羊，喜欢用河泥对着猪鸡狗兔捏小动物。

后来，在县城读书时，他看到任伯年绘画的印刷品，更加勤奋地作画和做雕塑。但是，由于家境贫寒，始终没有机会学画。考上云大中文系，也是靠平时捏点小动物，卖了交学费，半工半读。他很希望能够得到悲鸿的教导，请求拜徐悲鸿为师。

徐悲鸿感动地听着，十分同情袁晓岑的境遇，很热情地鼓励他说:"作为一个艺术家,就是要创作人民大众所喜爱的作品,不要搞那些腐朽没落的东西。"

徐悲鸿还拿出自己的速写本和一些默写画稿,借给他看。以后,徐悲鸿又专门带着袁晓岑去大观楼附近的农村写生,指导他画水牛,在用炭精笔画的速写上,用水墨略加勾染,顿时增加了结实感和体积感。

有一次,徐悲鸿来到袁晓岑家里,看到他为了画好孔雀,自己不但养了孔雀,而且还把孔雀羽毛挂在墙上练习工笔写生。徐悲鸿高兴地说:"师法造化才能有创新、有进步。我在柏林学画动物时,就是这样每天对着动物画。"

徐悲鸿的鼓励和指导,更加坚定了袁晓岑从事美术工作的决心。后来,他大学毕业后,就专攻绘画、雕塑,直至靠卖画为生,终于走上了美术道路。

1942年夏天,徐悲鸿回到了重庆。当他穿着一件白夏布长衫,戴着宽边的礼帽,腋下夹着一大卷画,急匆匆地从飞机的舷梯上走下来时,到飞机场迎接他的,只有他的几位学生,没有官方的任何人。

尽管他在国外劳苦奔波,没有花国家一文钱,而为抗战中的祖国作了那么多辛苦的工作和贡献,但国民党政府却视而不见。

为正义坚持战斗

徐悲鸿回到了这个多雾的山城、战时国民党政府的陪都。这里有他亲爱的同胞，有他熟悉的学生，有等待着他去做的许多工作，他感到多么喜悦。

虽然徐悲鸿才47岁，但看上去，却远远超过了他的年龄。为了多难的祖国，他工作得太多、太紧张、太疲乏了！

他来到中央大学艺术系，学生们蜂拥上前，抢着向他问好。这时，响起了"噼噼啪啪"的鞭炮声。徐悲鸿看见一个身材高大的男学生，用竹竿高高地挑起一串很长的鞭炮，它在响声中冒着硝烟和火花。

学生们把徐悲鸿拥到教室里，在那些拼凑起来的简陋的课桌上，摆满了丰盛的饭菜，那是他的学生们亲手做的。他坐下来，每个学生给他夹一筷子菜，送到他的面前，他听到那些男女学生叽叽喳喳地说着话，心中满是欣慰。

这天晚上，他照旧回到中央大学的集体宿舍中，住在上下两层铺的小房间里。夜深人静的时候，他想起了已经失去的家，想起了两个儿女，也想起了蒋碧薇。

第二天，徐悲鸿去看望了蒋碧薇。但是她却对他冷若冰霜，坚决拒绝和解。原来，听到徐悲鸿行将归国的消息，张道藩便写信给蒋碧薇，要她拒绝一切调解，说明和他永久断绝。这样，蒋碧薇可以保留自由之身，长为张道藩秘密的爱人。

阴险的张道藩要继续在精神上扼杀徐悲鸿。蒋碧薇当即复信表示，她决不与徐悲鸿和好。她在给张道藩信中写道："忍痛重圆，此一做法，当为吾人最难堪、最惨痛之牺牲"，"至于汝之爱吾，吾固未曾有一刻怀疑"。

徐悲鸿永远没有想到，口口声声说"我又不会再嫁人"的蒋碧薇竟如此不顾个人尊严，成为一个早已娶了一位法籍妻子的国民党特务头目的情妇。

徐悲鸿仍然将全部精力用于创作和教学上。为了弥补这几年失去的教学时间，他每天一清早就来到教室里，以高度的责任感来培养年轻一代，循循善诱地引导有不同才能的学生向不同的方向发展。因材施教，永远是他的特色。当时的许多学生后来都成为优秀的美术家，多在美术院校任教。

当时，油画工具仍很缺乏。徐悲鸿就指导学生们用各种废旧的木板做调色板，有的很厚重。他从来不讲这些工具不能用，或那种笔不行，并且常常在教室里和学生们一起作画。

1942年，重庆举行了全国木刻展览。徐悲鸿兴致勃勃地看到解放区木刻家丰富多彩的作品。这些作品反映了人们的生活和斗争，特别是木刻家古元饶有诗意的作品，引起了徐悲鸿的赞叹，为此他还写了一篇文章，在开头写道：

> 我在中华民国三十一年十月十五日下午15时，发现中国艺术界一卓越之天才，乃中国共产党的大艺术家古元。
> 我自认不是一个思想有了狭隘问题的国家主义者，我唯对于还没有20年历史的新中国版画界已诞生一巨星，不禁深为庆贺。
> 古元乃他日国际比赛中之一位选手，而他必将为中国取得光荣。

徐悲鸿的预言并没有错。后来，古元果真成为出类拔萃的木刻家,在国际上享有盛名。

但是,当时国民党的报刊压制舆论,他这篇文章只能在本市中一家私营的《新民报》上发表。后来,延安的《解放日报》转载了这篇文章。但是,这样的一篇文章却得到了国民党当局的格外"关注"。

不久,蒋碧薇的父亲蒋梅笙逝世了。徐悲鸿闻讯,立即赶到医院的太平间。那天晚上,他悲伤地陪着蒋碧薇守灵。

在昏暗而惨淡的灯光下,他们默然无语地坐在老人的遗体旁,遥远岁月里的往事,又像潮水般向徐悲鸿涌来。

徐悲鸿忽然记起了第一次到蒋家去的情景,蒋梅笙先生穿一件灰色的纺绸长衫,摇着折扇,满脸堆笑地迎接他。他还清楚地记得,那把折扇是空白的,蒋梅笙特意买来请他作画,他当时便画了一丛墨竹。

蒋梅笙十分赞赏地用食指敲着桌沿,连声叫好。后来,吃饭的时候,蒋碧薇从楼上走下来,她好像是特意打扮过的,穿一件崭新的藕色上衣,下身是一条藏青色的绸裙,乌黑的头发覆盖着她的前额,那双黑闪闪的大眼睛落落大方地注视着这个新来的陌生人……

忽然,蒋碧薇声音低低地说道:"要是能给父亲画张遗容就好了!"

徐悲鸿回过神来,抬头望了望她,轻轻地站起来,打开他随身携带的手提包,小心地拿出纸和笔,迅速地画了一幅素描。

微弱的曙光悄悄地从窗户外朝里面窥视,天快要亮了。徐悲鸿用手绢擦了擦含在眼眶里的泪水，饱含深情地说："碧薇，你不要难过，父亲的丧事我一定好好办理。"

徐悲鸿想到自己几乎分崩离析的家庭，沉思了片刻轻声地说道："碧薇，我们这样下去总不是办法呀！为了儿女着想，我们也不该再闹下去。"

蒋碧薇急速地抬起了头，高声地说："算了吧！我们既已分开，一动不如一静，天下离异的人很多，不足为奇，你我的个性太不相同！你可以另外结婚，我难道还会跟你捣乱不成。"

徐悲鸿沉默了，不再说话。当时的他无论如何也想不到，卑鄙的张道藩一直紧紧地牵引着蒋碧薇的心，并且依旧巧妙地通过蒋碧薇的手，来给他施加种种难堪和痛苦，而张道藩本人却继续披着伪装，在公开场合遇见他时，总是挤眉弄眼地说着关切的话。

很多年后，蒋碧薇写道：

父亲去世前后，道藩对我尽了最大的爱心与关切……在那一段时期内，道藩在中宣部的工作职责重大，忙碌到日以继夜，但他仍尽可能地抽出时间，和我多聚晤。

这年秋天，徐悲鸿准备着手筹办中国美术学院。它是由中英庚款董事会计划用庚子赔款建立的，是一所美术研究院性质的学院。

由于战时的一切都很困难，只能因陋就简，院址设在沙坪坝对面的磐溪石家花园石家祠。为了给美术学院准备一批图书，徐悲鸿决定去桂林七星岩岩洞取回他那些藏书。

1942年冬天，徐悲鸿由重庆乘长途汽车，前往贵阳，准备从那里再去桂林。他在贵阳逗留期间，又举办了一次画展，将全部卖画收入，捐献给当地的中学作为经费。随后，他又乘车到达桂林。

在桂林，徐悲鸿终于和田汉、欧阳予倩又相聚在一起了。这三个

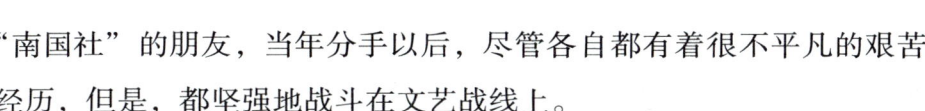

"南国社"的朋友，当年分手以后，尽管各自都有着很不平凡的艰苦经历，但是，都坚强地战斗在文艺战线上。

这时，欧阳予倩正在桂林创办剧社，上演了许多抗敌话剧。田汉则在郭沫若领导的政治部第三厅担任文艺处处长，肩负了极为繁重的抗敌宣传工作，并领导了那些抗敌演剧队，经常四处奔走。

田汉和欧阳予倩都戴着厚厚的近视镜片，只有徐悲鸿一人仍是目光精锐。他们不由得忆起并肩战斗的往事，在南国艺术学院共事的情景又涌到了他们面前，然而时间却过去了15年！

"悲鸿，你一个人单身生活了6年，总该有个家啊！"田汉和欧阳予倩几乎同时这样劝说他。但是，徐悲鸿默默无言。过去那个"家"带给他的痛苦是可怕的、记忆犹新的，重新建立一个家是否就能得到幸福呢？他不敢想象。

在桂林期间，徐悲鸿还专程去看望了李济深先生。这位曾参加领导北伐战争，后来被蒋介石囚于汤山的桂系将军，对徐悲鸿十分敬重。他住在南京时，听说徐悲鸿爱吃枇杷，便经常派人送枇杷给徐悲鸿。徐悲鸿曾回了一幅国画《枇杷》，上面题写了"每逢佳果识时节，当日深交怀李公"，就是指的李济深先生。

李济深先生和夫人也为徐悲鸿孤身一人而感到不安，并寄予同情。李夫人还特意为悲鸿介绍了一位能诗能文的富家小姐。但是，徐悲鸿却婉言谢绝了。

1942年年底的一天，徐悲鸿应欧阳予倩的邀请，在桂林的一家剧院看了一个小剧团演出的抗日小节目。一位年轻的姑娘怀着抗日救国的激情，演唱了《中国不会忘》这首歌曲。

看完戏后，徐悲鸿特地向剧团赠送了花篮，向那位年轻的姑娘表示感谢，并希望她今后能多演唱一些歌曲。虽然是第一次见面，她给徐悲鸿留下的印象极好。

又过了几天，报纸上刊登中国美术学院招考一名图书管理员，由徐悲鸿亲自口试。许多年轻女子听说徐悲鸿筹办的中国美术学院招考图书管理员，都非常乐意工作在这位伟大爱国画家的身边。

报名者达到了50余人，经过徐悲鸿亲自口试之后，最后录取了一位湖南姑娘，她就是廖静文。正是那次在剧场演唱《中国不会忘》歌曲的那位姑娘。

廖静文聪明伶俐，举止温雅，是一个极其富有爱国心和正义感的女子。她受到徐悲鸿的赏识，逐渐成了徐悲鸿的知心朋友。

廖静文对徐悲鸿十分尊重，热爱他所从事的艺术事业，同情他在家庭上所遇到的坎坷。随着时间的推移，两人彼此之间的友谊日渐增进，爱情也悄悄地来到了他们之间。作为徐悲鸿的知音，廖静文从此之后体贴入微地照顾着徐悲鸿的生活。

在当年的抗战时期，长期的艰苦生活和过度的辛劳，致使徐悲鸿患有严重的高血压和慢性肾炎。但是徐悲鸿仍然坚持工作着。每天上午，他都按时到学校教书，晚上又在油灯下奋笔作画。不久，他就因为过度的疲劳而病倒了。

大夫告诉他，他的肾炎已经严重地影响到了他的心脏，而且血管也开始硬化。徐悲鸿在廖静文和朋友们的劝说下，勉强凑了一些钱住进了医院。白天廖静文伺候他的饮食起居，夜间她就守候在他的病床前，悉心地看护。

徐悲鸿虽然是病魔缠身，枯瘦如柴，但是他并没有气馁，没有绝望。他对身边的廖静文说："死并没有什么可怕的，但只要有一息尚存，我就要愉快地去干我为之而奋斗的事业。"

徐悲鸿还让廖静文找来了鲁迅为亡友写的《海上述林》和鲁迅的《呐喊》。

虽然大夫和护士都不让他多看书，但他总告诉他们每天光让他睡觉吃饭是不行的，他总是要动动脑子看一看文章，哪怕是看几行字都行。

徐悲鸿在医院里整整躺了4个月，后来，身体稍微好了一些，因为缺少住院费，只好搬了回去，由廖静文照顾他继续养病。

1946年初，徐悲鸿终于和廖静文在重庆中苏文化协会的礼堂里举行了结婚典礼。婚礼上，沈钧儒和郭沫若两位先生自告奋勇当了他们的证婚人，重庆文化界也有100多位爱国人士前来祝贺。

徐悲鸿和廖静文相敬如宾，当时的生活虽然清贫，但却生活得美满幸福。每当徐悲鸿在家里作画的时候，廖静文总是喜欢帮丈夫洗砚、调色、理纸。廖静文十分钦佩丈夫绘画方面的超人本领。

1943年秋初，徐悲鸿在谈笑中曾随意地给廖静文画了一幅坐在藤椅上的半身像，色彩简单，快要画完时，只见他在人物的眼睛处点了淡淡的两笔，她的形象顿时栩栩如生，呼之欲出。

徐悲鸿纵笔千骑，且尤喜欢奔马。这是因为奔马不畏险阻冲锋陷阵，勇往直前。他笔下的马，镌刻时代的鲜明烙印，寄托着他催人奋进的思想。

1946年春季的重庆，寒气料峭。徐悲鸿像平常一样来到艺术系。一位同学乘机把班上"野马社"编辑部的画刊拿给他看，徐悲鸿一看社名，觉得有趣。当他翻到"保障人民的各项权利"画页时，脸上堆满了笑容说："蛮好，蛮好！"这时，一个快嘴的同学又把前几天国民党特务恫吓信的事告诉了他。

徐悲鸿皱紧眉头，思索片刻，什么也没说，而是叫同学们研墨理纸。只见他提起大笔，纵横撇捺，好像运用千钧之力。不一会儿，一匹四蹄腾空，势不可挡，傲骨嶙峋，令人神迷的奔马跃然纸上。同学们围拢过来观看。徐悲鸿又在画面上题写道："直须此世非长夜，漠漠洪荒有尽头。"

之后，徐悲鸿又盖上"江南贫侠"的印章，并且说："我画马并不因为它形体如何美，而是它的精神可贵。马要求人的甚少，给予人的却很多。它不畏险阻，冲锋陷阵，勇往直前！当今社会，学习艺术，做正直的人也冒险。所以，做人、做艺术家，应该具有这种奋进不息的奔马精神。"

徐悲鸿同马结下了不解之缘。他不仅熟知马的习性，而且还专门学过马的解剖学。在他画室的一角，还专门放着一匹马的整个骨架，他几乎每天都抽时间对骨架进行这样那样的观察、研究。因此，他能熟练地运用解剖学和透视学画马，这在中国的绘画史上是一大创举。

他笔下的奔马，随着时代脉搏的跳动，不断地跃出纸面表达着他与劳苦大众心心相印，与祖国安危紧密相关的一片赤诚。

徐悲鸿笔下无凡马。他惯常画瘦骨嶙峋的野马，而不喜欢画膘肥毛滑的鞍马。他画马总是独创一格，要么是长啸于山林的立马，要么是驰骋于荒原的奔马，要么是渴饮于水边的饮马，要么是迎风屹立的战马等，虽千姿百态，却都铁骨铮铮，寄托着他的反抗和追求。

徐悲鸿一生多画马，光速写稿就数以千计。他笔下的马奔腾不息，他自己亦如奔马而永不停蹄，他的笔下有千骑，又岂止是笔下千骑！

后来周恩来说徐悲鸿的画是和时代风云紧密相连的。

1946年5月，徐悲鸿身在重庆，他准备去北平艺专担任校长一职，特意请朋友捎信给正在上海的吴作人，他们相约于8月到达北平。

去北平的前夕，在上海郭沫若寓所的客厅里，周恩来接见了徐悲鸿。当时周恩来握着徐悲鸿的手说："徐先生，我们算是老朋友了，还记得吗？1924年在巴黎的巴黎公社墙前，我们还合过影。记得当时你不停地素描，还摘了两片树叶，悄悄夹在画夹里。"

徐悲鸿情不自禁惊奇地说："周副主席，你的记忆力可真惊人……"

周恩来亲切地说："叫我恩来同志好了。"

接着，周恩来又关切地询问起徐悲鸿的生活、家庭、作画、今后打算等情况。徐悲鸿觉得周恩来平易近人，很了解自己的心愿。分手时，周恩来意味深长地说："徐先生，我们希望你把北平艺专办好，为人民大众培养一批有能力的美术工作者。"

徐悲鸿一到任，便亲自乘车去迎接齐白石到校讲课，聘请齐白石为名誉教授。他广招人才。李桦、叶浅予等人主持版画、国画、工艺美术各系的教学工作；油画、雕塑等由吴作人、王临乙等人执教，后又陆续增聘了董希文、李可染、李苦禅、蒋兆和、艾中信、李瑞年、滑田友、高庄、宗其香、戴泽、韦启美、梁玉龙等多方面的名家，人才济济，展抒才艺，共同办学。

而且，徐悲鸿当时还解聘了一些与国民党特务勾勾搭搭的教职员。

徐悲鸿的种种治学活动，引起了被国民党特务控制的艺专训导处的不满。一天，一个家伙找到徐悲鸿，质问道："你为什么要解聘我们的人，他也是名教授！"

徐悲鸿正色道："现在的牌子，有挣来的，也有买来的，甚至有混来的！我是校长，我不能拿学生的前途来开玩笑！"

徐悲鸿凛凛正气，傲骨铮铮。当年年底，他们还成立北平美术作家协会，徐悲鸿被推举为名誉会长，吴作人任会长，和文化运动委员会主任张道藩控制的北平市美术协会针锋相对。

一天，徐悲鸿正在作画，突然有一个年轻人前来造访。徐悲鸿让门房将年轻人请了进来，只见一位头发蓬乱、衣衫补丁缀补丁的外乡人被领到办公室来了。

徐悲鸿迎上前说："实在抱歉，让你久等了。请坐，请坐！你尊姓大名啊？"

徐悲鸿一副亲切和蔼的样子，使颇有些拘谨的年轻人也松快了许多。他告诉徐悲鸿叫韦江凡。

"听口音，你是陕西人了？"徐悲鸿依旧亲切地问道。

"是，先生，我是陕西关中人。"韦江凡告诉徐悲鸿他的父母都是庄稼人，但都已经不在世了。

徐悲鸿看到韦江凡手里的画，便要过来看看。

韦江凡忙把画递给徐悲鸿。这是一些描写难民背井离乡的图画。

画面上一个看上去年轻却瘦骨嶙峋的女人，骑在一头孱弱的小毛驴上，低头看着怀里吮吸着干瘪奶头的婴儿；一个双目失明的老妇，拄着拐棍，衣衫破烂，步履艰难地向前挪动着；乌鸦站立枯枝，毛驴啃着草根……

徐悲鸿被画面上的情景感动了，他深思了片刻，突然问道："我收你上艺专，愿意吗？"

韦江凡闻言不由心中大喜，又是一阵阵感动，他在来北平的路上，没钱买车票，都是和难民在一起，一路讨饭，于是就将他所看到的一切画了下来。

徐悲鸿不由感叹民不聊生，为了解决韦江凡的生计问题，他还专门介绍韦江凡到学校的文印科刻蜡版。这样韦江凡不仅可以在学校上学，也有了一份收入。韦江凡学习刻苦，思想进步，颇得徐悲鸿的赏识。

一天，徐悲鸿去给韦江凡的班级上课。他一走进教室，发现地上扔着一小张宣纸，上面还踏有几个脚印。他忙弯腰捡起宣纸，抖了抖尘土，心痛地说："片纸点墨，工人制造出来多么不容易呀！"

当即，徐悲鸿在这张小纸上画了一幅情趣盎然的《疏柳归鸦图》，并郑重地落款、盖了印章。同学们对徐悲鸿的行动肃然起敬，那个丢弃宣纸的同学也不禁低下了头。背景复杂的学校训导处却对韦江凡是百般刁难。

一天，训导处把韦江凡叫去威胁说："我们要查查你有没有高中毕业文凭，明天就拿来，否则就开除你的学籍！"

连初中都未念完的韦江凡，哪里有高中文凭。徐悲鸿闻知，对韦江凡说："明天一早你去训导处，理直气壮地告诉他们，我跟徐先生学画多年，想要文凭就找徐悲鸿要去！"但是，淳朴憨厚的韦江凡说："我不敢说谎！"

徐悲鸿告诉韦江凡对待那些被派来监视他和进步师生、为当局看家护院的家伙，绝不能客气！只要有他在北平艺专，他们就休想赶走一个学生！

徐悲鸿与李宗仁结识于广州，但深交于广西。在1945年冬天，李宗仁调任北平行辕主任，1946年秋天，徐悲鸿也来到北平，任北平艺术专科学校校长。

徐悲鸿到达北平后不久，李宗仁就设宴为徐悲鸿洗尘，并祝贺徐悲鸿荣任艺专校长。席间，两人从广州说到桂林，又从桂林说到北平，谈得十分开心。

李宗仁为徐悲鸿敬酒时，十分感慨地说："正当中国画坛沉沦在一片黑暗之中的时候，我们的神笔徐君出现在地平线上了。于是，整个画坛立刻变得光明起来。"

出席的众人闻言热烈鼓掌。宴席快要结束的时候，作陪的行辕参议马一民看了李宗仁一下，说："徐先生，您在桂林给李主任画的许多名画，都在战火中损失了，实是可惜。使李主任最痛心的是那幅《雄鹰图》，李主任常念叨这幅画是他的'镇堂之宝'。假如徐先生今天方便的话，能不能挥墨……"

没等马一民把话说完，徐悲鸿便笑着答应了下来。当即，徐悲鸿来到李宗仁的书房，只见纸、墨、笔、砚早已准备好了。于是，徐悲鸿画了一只站在巨石之上，展翅欲飞的雄鹰。李宗仁赞不绝口。

一天，李宗仁正在独自观赏这幅《雄鹰图》，顾问甘介侯轻步走了过来，低声对李宗仁说："李主任，据我了解，徐悲鸿包庇赤色分子，有私通共产党之嫌疑，以后，还是同他断绝来往为好。"

李宗仁白了他一眼，很不耐烦地说："不要胡言乱语！徐悲鸿是一位堂堂正正的艺术家，怎能把这些政治帽子扣在一位艺术家头上呢?"

然而,李宗仁心里很清楚,徐悲鸿利用他这行辕主任的名声,其实保护了不少进步师生。至于他们是不是同共产党联系,他虽然不清楚,但也无须去弄清楚。

1947年,一些别有用心的家伙散发了《反对徐悲鸿摧残国画宣言》,提出"要为古人而战","要超现实的艺术"。一个身为社会局长的人物,在报上发表《徐悲鸿重弹现实主义滥调》的文章,攻击徐悲鸿包庇共产党,"摧残国画","把国画系改为彩墨系"。

徐悲鸿冷笑道:"今非昔比,我不是那么好挤走的了!"

他在课堂上说:"彩墨不是国画,那么版画木刻,粉彩,中国人用西画工具创作出民族风格的油画算不算国画?难道中国产的火柴还非得叫'洋火'?"

记者招待会上,徐悲鸿说:"主张笔笔照唐宋,画画依明清,反对写生、画模特儿的人是毫无道理的。难道电灯是外国人发明的我们就非得点蜡烛?西画有可取之处,我们吸收过来,是为了发展我们民族的绘画事业。"

徐悲鸿总是站在国画革新与保守之论战的最前沿。

为和平解放努力

刘金涛出生在一个贫苦农家,10多岁时便出外谋生。他告别父母,从河北枣强县步行7天,乞讨到北平。

后来,刘金涛在琉璃厂宝华斋做了裱画学徒。他为人厚道、手艺也好,只因地位低下,便常受欺凌,往往遭到达官贵人的打骂,也只能忍气吞声过日子。

徐悲鸿第三次来到北平,经朋友推荐,认识了刘金涛。他请刘金涛重新装裱得意之作《愚公移山》和《九方皋》。

当时,徐悲鸿随口问要多少钱?

刘金涛说道:"只要30块大洋。"

"便宜,装裱得好,我加倍付款。"徐悲鸿笑着说道。

几天之后,当刘金涛把裱好的两幅画送到徐悲鸿手里时,徐悲鸿非常满意,当即取出60块大洋交给刘金涛,说:"你装裱得好,我言而有信。"

刘金涛见享誉中外的大画家如此器重他,不由得激动万分。

之后,徐悲鸿成了刘金涛裱画小店的常客,他也常把刘金涛请到家中做客。一来二去,他对刘金涛的为人更为了解。

不久,徐悲鸿又将盖有"悲鸿生命"印章的国宝《八十七神仙卷》交给刘金涛装裱。这样珍贵而陈旧的古画,一般人是不大敢接手的。然而这幅画经刘金涛装裱后,整旧如新,神采非常。

徐悲鸿也常常对前来看《八十七神仙卷》的朋友、同事或学生赞道:"依我看,莫夸画笔多神韵,完美还须看裱工。无名裱画的人,历来是有名画家的好朋友,谁歧视裱画的都不对!"

刘金涛虽然装裱工艺精湛，但是他一直以来在文化界没有什么名气，而且小裱店的生意也不是很景气。

在1947年春天的一个下午，平日粗茶淡饭的徐悲鸿夫妇，不惜破费，请来厨师，把家宴办得特别丰盛。

这天，徐悲鸿邀请了北平画坛的10余位名家，等大家都坐定后，徐悲鸿便把裱画师刘金涛推到众人面前，这才说道："今天把诸君请来，我有一事相求。我的朋友刘金涛，为人厚道，尽管手艺较高，但不为社会所识。诸位知道，一位字画装裱高手的产生也是非常不易的。一纸上案，既讲手足规矩，又要屏声静息。刘君装裱字画有两个特点：一是干净、平整、柔软；二是颜色搭配得恰到好处。今日特请诸君来，为助刘君一臂之力，请诸位每人为刘君作画3张，10天内把画交给我。"

大家欣然同意，有的还当场命笔。李苦禅的荷花翠羽，白石翁的虾及小鱼，徐悲鸿还特意补上了石头、浮萍等。

不几天，画幅交齐。徐悲鸿非常满意，特意在报上发表《艺坛近事》一文。文章说：

琉璃厂金涛斋裱画处主人刘君为人诚厚，艺术家愿与之往来。

此次扩张门面，齐白石翁、叶浅予、蒋兆和、李苦禅、李可染、王青芳、黄钧、吴幻荪、田世光、宗其香等诸名家诚捐画助其成，而悲鸿尤为赞助。

这批名家作品一展出，很快销售一空，为刘金涛筹得一大笔款项，使他摆脱了困境，扩大了门面。

徐悲鸿还特意为铺面题写门匾"金涛斋诗裱画处"，使店面生辉。

从此，穷裱画匠刘金涛在琉璃厂也就红火起来了。多年后，每当说起这些，刘金涛常感叹说："来之不易，多亏徐先生！"

不久，徐悲鸿还赠送了刘金涛一幅《孺子牛》。画面上画的是一头埋头干活的牛。

徐悲鸿还专门题句，写道：

吾虽出卖劳力，但也求其值得，一生伏地耕耘，寻些青草吃吃。

世上尽有投机，奈性愚笨不识，甚多负荷一犁，听听劳人鼻息。

乙丑岁始，为刘金涛君写，北平解放之日悲鸿躬逢其盛。

1948年，东北大片沃土即将解放。国民党政府便在大城市的大、中学生中散布谣言，说是到北平去，那里招待食宿，组织联校。在这种欺骗的裹挟下，4000多人跋涉千里，徒步入关。他们到达北平后，却遭到北平当局的迫害，不但读书求学之事成了泡影，且食宿也没有着落。

许多走投无路的东北流亡学生派代表来找徐悲鸿，学生们谈到他们的处境，缺吃少穿，到了山穷水尽的地步，不得不找一些同情学生的知名人士给予帮助。

徐悲鸿听后忙招呼廖静文说："把那笔钱都拿出来帮助同学们吧！"

廖静文窘迫地笑笑，告诉徐悲鸿家里的钱前几天已经送给了几个贫困的学生了。

学生们知道徐悲鸿家里的拮据，对徐悲鸿感谢之后，感觉不能再麻烦徐悲鸿了。徐悲鸿风趣地笑着拿起毛笔，说道："你们是学生，我是校长，岂能看着你们有困难而袖手旁观。蒋介石靠打仗，资本家靠盘剥，工人做工，农民种地，而我徐悲鸿靠这管毛笔，为你们略效点力。"

于是，不久在东单的街面上就出现了徐悲鸿作画义卖的海报。消息很快一传十，十传百，不胫而走。

作画义卖的这天下午，徐悲鸿身穿铜纽扣的蓝布长衫，脚踏圆口布鞋准时走进大厅。在一番慷慨激昂的演讲之后，徐悲鸿握笔在宣纸上行如游龙，顷刻间，一匹四蹄生风、奔腾的骏马便跃然纸上，人群中顿时一片欢腾。

"这幅马我要了，徐先生说说价钱吧！"

"卖给我吧，我是专为买奔马从天津赶来的。"

"朋友们，让给我吧，我是法国人，徐先生在巴黎时，我就喜爱他的毛笔画马了。"

一时之间，场面热闹非凡，前来准备买画的人见此场面，更是心情急切，不问价钱，抢购起来。

徐悲鸿奋力挥笔，连连画出奔马、雄狮、雄鸡、墨猪，还画了钟馗、山鬼等。在他的笔端，倾注着他对祖国、对青年的热情关切，也凝聚了他对腐败政府的憎恨。

徐悲鸿一幅幅地画着，直至他的额头汗水津津，腰也酸疼起来，终于感到支持不住了，这才结束了义卖。徐悲鸿将此次义卖的收入全部捐赠给了东北流亡学生。

1948年，是国民党土崩瓦解的一年，徐悲鸿每天都要听陕北新华广播电台的广播。

9月14日这天，徐悲鸿坐在桌旁，听着收音机，收音机的音量虽然很小，但却很清晰：

人民解放军今天下午17时解放济南，守敌全部歼灭，无一漏网，战果正在清查中……

徐悲鸿听着听着，突然兴奋地对妻子说："济南大捷，北平也就指日可待了，快，拿酒来！"接着，他挥笔画了一幅奔马图，上面还写下一行字：

济南解放之际兴奋写之。

不过由于当时的北平还未解放，他们只得将这幅画收藏起来。

一天下午，徐悲鸿把吴作人、艾中信、戴泽等艺专的进步教师找来，彼此交流了一下报纸上看不到的新闻，以便作些安排。正在他们商谈时，突然一声巨响，震得房屋颤动，窗玻璃也发出了碎裂声。

大家以为是人民解放军发起了攻城。一些胆大的人跑到外面去看，原来是南苑机场的火药库被炸。只见那个方向的天际升腾起巨大的黑色烟柱，在空中翻滚散开。

一时之间，北平的城内到处都议论着，说人民解放军占领了南苑机场，马上就要炮轰北平了。国民党南京政府深感北平难以扼守，于是电令北平各大专院校尽快南迁。徐悲鸿因早和吴作人等人商量过，取得一致意见：家属不离北平，学校也不南迁。

为了首先取得大多数师生的支持，徐悲鸿亲自主持召开了校务会议，讨论是否南迁的问题。徐悲鸿自己首先表态，主张不南迁，并阐明了道理。他的态度顺应民意，立即获得了吴作人、艾中信、李桦、叶浅予、王临乙、李天祥等进步教师和学生代表的热烈拥护。

徐悲鸿不愿多拖时间了，他采取举手表决的办法，当他说赞成留下的举手时，一支支胳膊刷刷地举起来。说到赞成迁校的举手时，一些人你看我，我看你，一个人把手举到半截，转眼看到徐悲鸿犀利的目光，便又赶紧把手缩回去了。

于是，校务会议顺利地通过了决不南迁的决议。

不迁校决议通过不几天，南京教育部又给徐悲鸿电汇来一大笔"应变费"，电文指令这笔钱作为迁校和教师搬家的费用开支。

徐悲鸿在校长室内来回踱步，苦苦思索："好马不走回头路，我徐悲鸿决不改变主意而南迁。"

他自言自语地说："我作为校长，建议把这笔钱分发给全校师生员工购买粮食，说是准备护校，实是迎接解放！"他的建议得到了全校师生的支持。

徐悲鸿为了和平解放北平而不断地东奔西跑。

1948年12月4日，人民解放军开始围城。12月21日，国民党政府紧锣密鼓，派飞机到北平来接一些社会名流和学者，第一架飞机被解放军炮火封锁，在南苑机场上空盘旋两圈，飞走了。

于是，南京政府又命令部队砍伐东单广场树木，抢修了一个临时的机场，第二架飞机降落在东单临时机场。北平的某些著名人士自愿或者是被迫登上了那架飞机，但是飞机并没有马上起飞，因为他们还在等一个人，那就是徐悲鸿。

此刻，在徐悲鸿的家里，一位南京政府的说客正在劝说，催他快走。国民党政府教育部长也从南京打来长途电话，要徐悲鸿离开北平，说："为了你的生命财产安全，我们才这样做，只要你即刻到南京来，政府当局格外优待你。"

但是徐悲鸿的回答十分坚决："不管北平出现何种情况，我是艺专校长，我不能离开那么多师生员工！"

1948年12月23日，人民解放军围歼了新保安傅作义将军的嫡系部队第三十五军。24日，又解放了张家口。傅作义看到形势急转直下，如坐针毡，独自一人在宽敞的办公室内来回踱步。

忽然，他收住脚步，对门口的副官说："我决定邀请北平有名望的学者、名流征询意见，去给我拟个名单，我过目后再通知。"

会议很快召开了，傅作义亲自主持会议，他寒暄并自谦几句之后说："北平之形势日趋险恶，往后何去何从，我傅作义愿听听诸位先生的高见。"

此刻，气氛相当紧张，人们彼此相顾，不愿开口。他们知道，傅作义这个人城府很深，喜怒难测。今天也猜不透他葫芦里装的什么药，弄得不好就有可能掉脑袋。房间里静得出奇，忽听有人轻咳一声。人们循声看去，原来是徐悲鸿。

只见徐悲鸿看了一眼不动声色的傅作义说："抛砖引玉，我先谈谈！"

其实，在徐悲鸿接到通知后，一些往来较多的朋友有的劝他借故避开。有的说即使参加，也得给他个徐庶进曹营——一言不发。可是徐悲鸿确实是固执己见。

此刻，他已站起身来，却从容不迫地说道："傅作义将军和诸位先生都知道，北平是世界共仰之文化古都，有诸如故宫、天坛等极为珍贵的文物古迹，这是我们中华民族的无价之宝。为了我们的优秀文化遗产免遭破坏，为了北平200万人民的生命财产免受损害，我个人诚恳希望傅将军顺民意，顾大局，使北平免受炮火袭击。再说，都是黄帝子孙，应该和平解决问题，以求国家兴盛。"

人们钦佩徐悲鸿熊心豹胆，同时也为他暗捏一把汗。人们时刻都注视着傅作义的面部表情，见他态度平和，屏气静听，紧张的气氛才稍微缓和了下来。

徐悲鸿显得有些激动，继续说道："傅将军大概还记得，在你上任华北'剿共'总司令的今年4月，北平市长何思源挨了特务一枪，时隔两月，蒋介石下令撤了何市长的职。7月，蒋介石军警开枪打死、打伤爱国学生,酿成震惊全国的'七·五'惨案。傅将军,就在你就任总司令不久,在光天化日之下,陈继承竟然调兵开枪屠杀爱国青年,不知傅将军事前知道不知道?据我所知,傅将军主张奋发图强、励精治国。但是你仅是枝叶,你所依附的根系已经腐烂,你何以能展枝、开花、结果?事到如今,大局明朗,不如乘机脱离腐根。"

徐悲鸿的话一下子又将原本松懈下来的气氛紧张了起来。

徐悲鸿稍微缓了一下继续说道:"如今,人民解放军已经兵临城下,以鄙人之见,我们唯一的光明出路,也是全市民众心中仰望的,就是同共产党开诚谈判,不动刀枪,和平解决北平问题……"

徐悲鸿的坦诚直言深深打动着在场的每一个人。房间里的气氛渐渐缓和了许多。紧接着,故宫博物院马衡、生物学家胡先骕等人纷纷发表己见,附和徐悲鸿,希望傅作义以北平市民利益为重,和平谈判解决问题。

一名历史学家说:"徐先生说了我们想了很久,而又未说出口的心里话。如果傅将军能使北平免于战火,作为一个历史学家,将来我书写中国历史时,定要为傅将军大书特书一笔。"

傅作义仔细听完发言,只用一句话便结束了会议:"我本人非常感谢诸位先生直言不讳的发言。"客人走后,他又踱起步来。

当天晚上,徐悲鸿正在作画时,响起一阵急促的电话铃声,廖静文忙去接电话,听筒里响着吼叫:"大胆徐悲鸿,宣传赤化,动摇军心,煽动反对蒋委员长和政府,你有几个脑袋?还要不要命……"

"无耻!"徐悲鸿激动得嘴角的肌肉都抽动着,他紧捏着拳头狠狠往桌子上一击,说道:"他们在垂死挣扎,看来他们快要完蛋了。"

这是一个静悄悄的深夜。当时久被围困的北平,气氛紧张,已处于临战状态。徐悲鸿的家里此刻窗户遮掩得很严实。枣核大的一点烛火,在桌上摇曳,发着昏黄的光。灯影里,徐悲鸿、廖静文等人,静静地在听一个人小声说话。

说话的人是徐悲鸿的好友田汉，他是经过化装以后，从解放区悄悄来到北平的，他带来了很多令人兴奋的新闻。

田汉首先讲的是毛泽东和周恩来对徐悲鸿的问候，以及他们的嘱咐。希望他们能在任何情况下都不要离开北平，并尽可能地在文化界多为党做些工作。

徐悲鸿听了田汉的话，热血奔涌，他更加急切地盼望着黎明的曙光。

在中国共产党的政策感召下，傅作义将军毅然接受和平解放北平的条件，率部光荣起义，投身人民的怀抱，在历史上留下光辉一页。徐悲鸿觉得自己仿佛年轻了，浑身充溢着青春活力，他率领学生走上街头，列队欢迎中国人民解放军进城。

3天后的2月3日上午10时，人民解放军举行了隆重的入城式，人们扭秧歌，打腰鼓欢庆解放，声震古城。徐悲鸿画兴大发，展纸挥笔，画《奔马》《奔向太阳》两幅画表达胜利的喜悦。

为庆祝北平和平解放，周恩来在北京饭店举行盛大宴会。徐悲鸿应邀而来。此时，他步履轻捷、满面春风。站在窗前，遥望天安门，浮想联翩。

掌声骤起，徐悲鸿赶忙回到座位上，只见周恩来同志走进来了。人们鼓着掌，欢呼雀跃，周恩来一看见徐悲鸿，笑容满面地说："悲鸿同志，我们又见面了！"

徐悲鸿高兴得说不出话来，只是连连点头。

周恩来索性在徐悲鸿身边停下来，打算多说几句，周恩来高兴地说道："正准备找你，今天先见到了。我们胜利了，人民把建设祖国的新任务交给我们，你看，假如把艺专改为美术学院，你就任院长好不好？驾轻就熟嘛！很多工作会落到你肩上，我想，你不会拒绝吧！不过，我记得你患有胃病，你应该去检查、治疗，我们有自己的医院和大夫了嘛！"

徐悲鸿在他一生的风风雨雨中，从未有过今天这般的愉快和欢畅，他时刻系念的灾难深重的祖国，终于站立起来了！劳苦大众终于摆脱压迫，当家做主了！他多么想能再和周副主席谈谈，可是，百废待兴，周副主席那么忙。当宴会将散之时，徐悲鸿意外地收到一张便条："徐悲鸿同志：请稍留步。周恩来。"徐悲鸿不禁心头一热。

周恩来和徐悲鸿很随和地在一起交谈着，周恩来说："你的作品继承了中国绘画的优秀传统，也吸收了西画的技法，融汇中西，使它和民族的绘画相结合，创造出了自己的独特风格……"

徐悲鸿赶紧说："周副主席，在艺术问题上，我也是在学习、探索，离时代的需要还差得很远呢，你的评价太高了。"

周恩来又说："我很赞成你的探索精神，没有这种精神，就不会创造出那么多深受人民群众喜爱的作品来。我们希望你坚持下去，开拓出更美好更宽广的艺术道路来！"

周恩来还说起他很喜欢国画《风雨如晦，鸡鸣不已》，说它代表了当时重庆的政治气氛，反映了时代的脉搏。他还说，毛泽东同志和他看到国画《逆风》时，毛泽东很高兴，一再赞扬它很具时代感。这幅画作于1935年，当时革命正处于低潮，它却反映了弱小力量顶风前进，因而很有鼓舞力量。

徐悲鸿深为周恩来的记忆力和洞察力所折服，他大为感动。

1949年3月29日，从北平开往莫斯科的列车上载着我国出席拥护世界和平大会的代表团成员，这个代表团的团长是郭沫若，团员有徐悲鸿、古元等共13人。周恩来总理非常关心这次出国的代表，怕他们年纪比较大，经受不了西伯利亚的严寒，还专门派了医生和护士，另外还特地让有关部门为每人做了一件皮大衣。

列车风驰电掣般在原野上奔驶。车厢里乘客们有的说笑，有的看书看报，有的观望着窗外广阔无垠的大地。这时，徐悲鸿正在画素描，这也是他多少年来养成的习惯了。

年轻的女列车员笑容满面地忙碌着,她一会儿擦地板,一会儿拎壶灌水。当她又一次来到徐悲鸿座位前倒水时,徐悲鸿很客气地说:"列车员同志,我把它送给你好吗?"他手中拿着一张素描像。女列车员好奇地接过纸片一看,原来画的是自己:丰润的脸庞,浅浅的酒窝,嘴角洋溢着微笑。

当她仔细看时,突然发现"徐悲鸿"3个字,立即惊喜地叫了起来:"徐悲鸿,大画家徐悲鸿!"

她这一嚷,整个车厢顿时热闹起来了。许多人都纷纷过来,请求徐悲鸿作画,希望能看一看徐悲鸿究竟是怎么画马的。徐悲鸿皆一一答应,车厢里一片热闹。

代表团在莫斯科作短暂停留,稍事休息后,又起程奔赴布拉格。在布拉格举行的拥护世界和平大会上,中国代表团受到热烈欢迎。徐悲鸿曾多年辗转在国外,唯有今天,他才感到作为中国人,在世界上是昂首挺胸地站起来了!

会议期间,传来南京解放的好消息,会场顿时欢腾起来,一些朋友纷纷表示祝贺,徐悲鸿更是一阵阵地高兴激动。这时,他脑海里产生了创作一幅画的愿望,于是赶紧把现场情景攫取到速写本上,以留作画时参考。

会议结束后归国途中,代表团在莫斯科参加了五一国际劳动节庆贺活动。他们还参观了彼得格勒的文化古迹。徐悲鸿曾在1934年访问过这里,所以对这里并不太陌生。

一天,徐悲鸿和古元来到旧书市场。古元在一个旧书画摊上发现一本画册,爱不释手,怎奈身上的卢布所剩无几了,他很懊悔。徐悲鸿忙上前说:"这本画册蛮好,我把它买下来吧!"忙掏出卢布付了款。

古元高兴地说:"徐先生买回去,我能看到就挺好。"

古元不曾想,付完钱,徐悲鸿却掏出钢笔在扉页上写道:"与古元兄同游彼得格勒购送纪念,悲鸿。"

古元接过画册，兴奋地说："徐先生，您的做法是我想不到的，它比这本画册更可贵，我无法用言辞来表达我对您一贯慷慨无私的帮助。"

徐悲鸿还在莫斯科买了一件专为教学用的马的解剖石膏模型。他认为这是踏破铁鞋无觅处的东西，如今终于是如愿以偿了。

5月10日，代表团回到北平，团员们都各自回到自己的工作岗位。徐悲鸿人虽回到家，心里却还在想着和平大会上的动人情景。

徐悲鸿在脑子里构思好画面之后，便进入紧张的创作。一幅记载着光辉历史时刻的画卷《当南京解放的消息传到拥护世界和平大会以后》诞生了。

这是一幅大型中国画，画面上各种肤色的朋友为中国人民得解放的消息欣喜万分，中国人民终于站起来了。

为艺术事业献身

徐悲鸿一生从事绘画、致力于美术教育事业，发掘、培养优秀的美术人才，为他们开辟道路，甘作人梯。

新中国诞生后，中央美术学院的成立，为他实现美好心愿提供了广阔前景，真可谓如鱼得水。他身为美术学院院长，全国美协主席，事务繁忙，但他宁愿少作画，也要亲自讲课，甚至批改作业。

他的身影，活跃在美院讲坛上。他告诉学生们："一个热爱祖国的人民艺术家，包括画家，首要的是表现人民大众的精神面貌、愿望和时代精神。人有人品，画有画品，而人无人格，则画也无画格。所以说，同学们有志于立画者，当首先应立人格。除了这些以外，便是坚实的绘画基础：这需要读书、行路、察民情、体万物、研究事物的奥妙细理。"

徐悲鸿在讲西洋画法的同时，仍竭力推崇民间艺术。他向同学们说："不能忽视向民间艺人学习。对于出自历代民间艺人手笔的壁画、雕塑、金石镂刻、陶俑、瓷器、年画、剪纸等，都应认真学习。民间艺人在旧中国受尽歧视，如今恢复了他们在艺术上的地位，他们也是中华民族的艺术家。"

1951年春天，当徐悲鸿听到山东整沭导沂水利工程开始的时候，他不顾高血压、肠胃病的折磨，毅然带着画夹来到工地现场，坚持和民工们生活在一起。

处于鲁南苏北交界的黄河支流，经常泛滥成灾，危害很大。为了根治这一大水患，使1500多万亩农田免受水灾，必须疏导沂河，引入沙河归海，另外开凿一条长达200公里的沂河灌溉良田，变水患为水利。

　　这是一项要动员近百万人民群众参与的极为艰巨的水利工程，规模之大，是新中国成立后改造旧中国山河的第一大工程。

　　徐悲鸿一来到工地，就受到了大家热烈的欢迎。许多人久闻他的大名，纷纷来访。有人求画马，有人求画像，有人请他签名留念。徐悲鸿虽然很劳累，但总是有求必应，对于求画的，他总是痛快地满口答应，然后留下他们的名字，专门抽时间为他们作画。

　　在工地上写生很辛苦，常常被太阳晒得汗流浃背。但为了把这些来自农村、勤劳朴实的民工形象收入画稿，血压有时高得惊人的徐悲鸿依旧只是顾着埋头作画。

　　陪着徐悲鸿来的美院青年教师梁玉龙经常劝他："徐院长，您身体有病，不能和我们年轻人赛着干，您能来看看就再好不过了。"

　　徐悲鸿笑道："现在，我不是什么院长，而是水利大军的十万分之一；在干活方面，我还是小学生呢！"

　　他提高嗓门说："从前，我画过《愚公移山》画，而今天，当我看到眼前这些真正的愚公在移山造海时，觉得比传奇故事中说的愚公移山更感动人。一切有作为的艺术家都不应该失掉这个难得的创作机会。"

　　在一间透风漏雨的工棚里，徐悲鸿面前放着一盏光线微弱的小油灯，他在给妻子写信，描述自己受到感染的心情：

> 　　吾中国人民原有愚公移山之理想，到了毛泽东时代真的看到了。吾所身居其中的水利工地，论气魄，论场面，论其现实意义，都不是画面上的"愚公移山"所能比拟的，有如奇迹，令人难以想象。但非在毛泽东时代是不能见到的！
>
> 　　吾热爱生活，热爱我们勤劳智慧的人民，这里到处热气腾腾，用龙腾虎跃来形容，最恰当不过了。

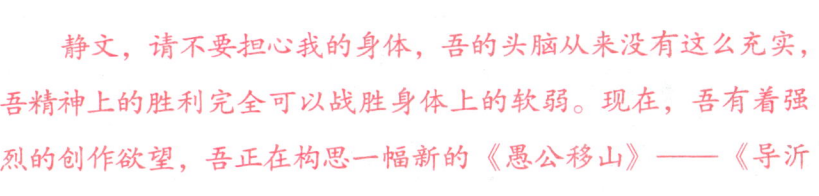

静文，请不要担心我的身体，吾的头脑从来没有这么充实，吾精神上的胜利完全可以战胜身体上的软弱。现在，吾有着强烈的创作欲望，吾正在构思一幅新的《愚公移山》——《导沂水利工程的万分之一》，并为此抓紧时间写生。

徐悲鸿身背画夹，满身风尘，在两个月的时间里跑遍了整个工地。紧张的活动致使身体过分疲劳，他感到力不从心，不得不遗憾地离开工地，回到北京。

可是，工地上那种热火朝天的场面激励着他，第二天晚上便在画室里将油画布绷好，打算天亮后便开始创作大幅油画《导沂水利工程的万分之一》。

这时，他感到头晕，身体有点不对劲。天快亮时，他觉得脑子里突然抽搐了几下，不知怎的，他连说话也困难了，四肢也不听使唤了。为了便于作画，他常一个人在画室里休息，现在画室里也只有他自己。他想喊妻子，可是舌头发硬，发不出声音。

每天徐悲鸿都是天不亮就起床，但是今天一点儿动静也没有，廖静文警觉了起来。她悄悄走进画室，走到丈夫床边，发现徐悲鸿眼睁睁躺在那里，说不出话来，而且一动也不能动。她知道事情不妙，赶紧跑出画室，给中央医院挂了急诊电话。

一辆救护车，急速地驰过清晨寂静的街市，驶进中央人民医院。

医院马上行动起来，组成了以院长钟惠澜为首的医疗小组。经过紧张的诊断确定：徐悲鸿患的是脑出血。

周恩来得知徐悲鸿生病后，亲自指示院长钟惠澜要挑选最好的医生组成医疗小组，由院长钟惠澜任组长。医疗小组要尽最大的努力抢救徐悲鸿同志。

第二天，齐燕铭同志来到医院看望徐悲鸿，并将一束鲜花交给护士，说是周恩来送的。护士忙将鲜花插进花瓶，写了一张"周恩来赠"的字条，挂在花瓶口沿醒目的地方。

徐悲鸿慢慢睁开眼睛，凝视着那美丽的鲜花，嘴唇动了动，目光久久地停留在鲜花上，眼眶里闪动着泪水。

一些日子后，经钟惠澜的同意，在不超过5分钟，不得和病人说话的规定下，郭沫若同志一次次带着总理对徐悲鸿的问候来看望。

一天，周恩来亲自来看望徐悲鸿。徐悲鸿要起身，想说话，周恩来忙用手止住他，只是用目光打量他，竟也不说一句话，可徐悲鸿却从这目光中感受到巨大的温暖。

徐悲鸿的病渐渐好转，他已经可以讲话了。一天，他对妻子说："静文，请你去住院处问问，我住院治病以来花了多少钱？回头告诉我。"

"悲鸿，你是公费医疗，花多少也都是由国家给报销，用不着我们负担。"妻子回答。

徐悲鸿忙解释说："虽然是国家报销，但我要知道国家这次究竟在我身上花了多少钱？我对新中国没有多少贡献，可得到的照顾却是这样丰厚！病好后，我要加倍努力，做好工作，来弥补国家为我的花费。静文，要不是病在新中国、共产党领导下，我徐悲鸿即使两条命，也早上西天了。"

从此之后，每逢月初，廖静文必到医院财会科走一趟，把上个月的费用抄下来交给丈夫。徐悲鸿在抄录这些数字时，常常感慨地说："静文，已经花了这么多钱了。你记得吗？当初我在重庆住院时，由于交不起住院费，不得不搬出了医院。"

10月初，徐悲鸿能下地走动了，他急着要求出院，被钟惠澜批评了一顿。

11月中旬，徐悲鸿又一次提出了出院要求。钟惠澜说："出院，我们经请示，可以同意，但你需要疗养，到疗养院去吧，并且以后没有医生的同意，你不能继续工作，画画也不成。作为大夫，我们必须对你的健康负责。"

徐悲鸿却很激动地说道:"从1917年到现在,我每天几乎在为之尽菲薄之力,如果不让我去教学生,不去接待有求于我的客人,特别是青年人,不去作画写字,我活着只是为吃饭、睡觉,就是能活100岁,形同朽木,又有什么意思?我想,活50岁和100岁,并没有多大区别,问题在为祖国、为民族作出多少贡献。活着,总是该多尽力的,我怎能搁下粉笔和画笔啊!"

终于,在徐悲鸿的要求下,11月30日,他出院了。

1953年的五一过后,徐悲鸿能拄着拐棍在院子里走动了。周围的人都为他高兴,徐悲鸿想的却是下一步的行动。

一天,他要妻子搀扶他到美术学院去。廖静文告诉他医生说过不能让他出门的,更不能去学院。

徐悲鸿立即扔掉拐棍说:"听大夫的话,我出得了医院吗?我徐悲鸿是从泥巴里滚出来的,长的是装山芋的肚皮,没那么娇气!"廖静文拗不过他,只得依从。

天一亮,徐悲鸿像惯常上班前一样,起得很早,吃过早点,他一手拄着拐棍,一手扶着妻子,一步步挪动,很费力地走着。走一段,歇一会儿,路程不远,却走了近两个小时,快9时,他跨进了熟悉的中央美术学院大门。

老传达工首先看到徐悲鸿,他忙跑上前搀扶,徐悲鸿来到绘画系的一个班里,正在做作业的学生们一下子围上来鼓掌欢迎。

徐悲鸿手扶讲台,亲切地说:"我今天是来检查教学的,同学们把最近两周的素描作业放在课桌右角,我要一一检查。"

他拄着拐棍,从一个课桌挪到另一个课桌,拿起一幅幅素描,看着看着,他的眉头拧成了疙瘩。最后,他回到讲坛上,拐棍捣得地板嘚嘚响,严厉地说:"千篇一律,如同一个模子印出来的,一丝生活气息都没有,一点艺术特色也看不到,令人丧气,我们的风格哪里去了啊?"

廖静文看他激动的样子,赶忙上前去搀扶,他用力把她推开。并且让学生将几个授课的老师都叫了过来。

徐悲鸿看了他们一眼,毫不客气地说:"形式主义是泥坑,现在这种教学法,也是泥坑!无论如何,是不能用形式主义来教授我们新中国的学生的!你们看看,他们的素描画成什么样子。"

回到家里后,徐悲鸿感到疲乏极了,他躺下,片刻又艰难地爬起来,开始翻箱倒柜,在自己收集收藏的数千张世界各国美术图片中,用心挑选合适的,然后动笔写说明,指出其风格和优点缺点。

他想好了,要把这些放在学院展览橱窗里,供学生学习和批判,以求有所受益。他一天天地忙碌着,终于在一个星期后,把图片和说明文放进了学院的展览橱窗。

这时,徐悲鸿才放心地说:"我们当老师的,在任何时候,任何地方,再见到自己的学生,都要问心无愧了。"

看着徐悲鸿忙碌的样子,廖静文总是劝他休息,但是徐悲鸿总是坚持工作,最后廖静文说如果他再不休息她就要给总理打电话了。徐悲鸿赶忙制止廖静文,这才去休息。

事实上,徐悲鸿自己感觉自己的身体也日渐不好,他嘴上回避说这些,心里却很明白,他要抓紧时间,多做些事情:关心学院的教学工作,也抓紧时间整理自己一生收藏的艺术品。

一个夜晚,他郑重其事地把廖静文叫到自己画室,指着自己抄写的艺术收藏品部分目录,叮嘱道:"静文,要是一旦我有个三长两短的话,你一定要把我们这些收藏品献给国家,让它继续为祖国培养人才服务。这本是我当初收藏时的目的,用心你也是知道的……"

廖静文一时说不出话来,泪水在眼窝里打转,她极力克制着自己不让泪水流出来,劝徐悲鸿不要胡思乱想,注意休息,好好养病,身体会好的。

在徐悲鸿身体虚弱的时候，他依旧在坚持努力作画。其中一幅《鲁迅和瞿秋白》时时牵动着他的心。

为了这幅画，徐悲鸿多次对妻子说："鲁迅先生和瞿秋白的形象时时在我的脑海里闪现，他们虽然都不在人间了，但仍然活在人们心中。作为画家，我若是不能通过绘画把他俩的形象和友谊留在人间，我就食不甘味！怎奈手足不争气，拖到何年何时啊！"

妻子劝他不要着急，待身体好点再继续画。他感慨地说："瞿秋白在上海同鲁迅合作领导文化运动，有两年时间。在那期间，瞿秋白为了逃避敌人的追捕，多次住在鲁迅家中避难，他俩一起写文章打击敌人。共同的愿望，使他俩结下了深厚的战斗友谊。后来，瞿秋白不幸被捕，慷慨就义，牺牲时才36岁。"

说到这里，徐悲鸿无比感慨："鲁迅对瞿秋白的死，以为'哭是无益的，只好仍是有一分力，尽一分力'。1936年10月，鲁迅在病逝前夕，为亡友瞿秋白编辑了遗著《海上述林》。"

第二天晚上，徐悲鸿在灯下看着《海上述林》。廖静文把熬好的汤药端到他面前，催他快喝。他忙随手拿块镇纸压在书页上，两口喝完药水，一抹嘴唇，信心十足地说："在我生前，一定要完成《鲁迅和瞿秋白》这幅表现珍贵友谊的画卷，这是我这个美术工作者义不容辞的责任啊！"

事实上，徐悲鸿早为这事煞费苦心了。为了画好这幅油画，他访问了瞿秋白的夫人杨之华，鲁迅的夫人许广平和胞弟周建人等。对于鲁迅和瞿秋白的衣着、身材、性格、生活习惯，以及两人在一起时的习惯动作、表情等，都分别作了详细的记录。

他于1951年4月下旬动笔作画，先后创作画稿达20张，仅头像就有10余张。最初的画稿，鲁迅坐着瞿秋白则站着。他在往画布上勾绘定稿时，把瞿秋白也画成坐着的了，有人问为何要作如此改动呢？

他解释说:"一开始打稿时,由于只是考虑到鲁迅比瞿秋白年长18岁,所以画瞿秋白站着,后来再深入一想,那样考虑是片面的,鲁迅先生如果健在,也是不会同意的。因为他俩是战友,特别在思想方面,鲁迅受到瞿秋白的影响不算小,鲁迅本人也是很尊重瞿秋白的。"

到7月中旬,徐悲鸿便用炭笔把画稿勾到长1.49米,宽1.26米的油画布上。遗憾的是,徐悲鸿因突然患脑出血住进医院,这幅油画稿和其他未定稿的画幅一样,被耽搁了下来。现在这幅创作成了徐悲鸿思虑的一大问题。

徐悲鸿大病初愈,画大幅油画的气力不够,但他并没有因此放下画笔,在关心教学之余,他大画奔马。仿佛是他生活道路上最激烈的奔驰,生命最后时刻的冲刺!

徐悲鸿还从他画的《奔马》图中,先后挑选了6幅自己看了认为满意的,送给最可爱的人——中国人民志愿军。并在一幅《奔马》画上写着这样的题词:

山河百战归民主,铲尽崎岖大道平。

同时,他还亲自写了一封信,满腔热情地写道:

5个月前,我就开始为你们画马,由于气力不够,不能使人满意;现在寄上我最近画的一幅奔马,自认为很不够好,但又怕你们久待,以后当陆续再画,挑挑好的寄给你们。

我再一次向你们说,我以能为你们服务而感到光荣。

徐悲鸿热爱战士,热爱人民,热爱共产党,热爱新中国。他在生命的最后时刻，把自己对共产党和新中国的深情厚谊，全部倾注在笔端，特意为毛泽东精心画了一幅《奔马》图，并在上面题写诗句：

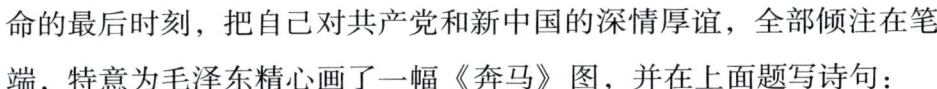

百载沉疴终自起，首之瞻处即光明。

寓意苦难的祖国，在中国共产党为之奋斗下终于得到新生，得到解放，在毛泽东的领导下，祖国前途无限光明。他还着意挥笔写了"祝毛泽东60岁寿：言论文章放之四海皆准，功勋伟业长与日月同光"的条幅，准备在12月26日毛泽东生日时，亲手奉送给毛泽东。

1953年9月23日，徐悲鸿从早到晚开了一天会，听的是重要报告，报告人是周恩来。晚上，他参加接待一个外国代表团，这时，他感到身体不适，便退到休息室，因脑溢血复发，晕倒在沙发上，抢救无效，溘然长逝。

徐悲鸿一生节衣缩食收藏了唐、宋、元、明、清及近代著名书画家的作品1200余件，图书、画册、碑帖等1万余件。他去世后，按照他的愿望，夫人廖静文女士将他的收藏品，以及他的作品1200余件，全部捐献给国家。

1954年，位于北京市西城区新街口北大街53号的徐悲鸿故居被辟为徐悲鸿纪念馆，集中保存展出其作品，周恩来总理亲自题写"悲鸿故居"匾额。

徐悲鸿是中国杰出的画家，是中国美术史上造诣相当高的一位大师。他虽然只有58岁的人生，但他的业绩却名垂千古。

徐悲鸿的一生慷慨正义，为人忠厚，对事业执着追求，对祖国无限热爱。徐悲鸿不仅是一位划时代的、具有开拓性的杰出画家，也是一位为中国美术事业立下不朽功勋的美术教育家和爱国主义者。

无论是在日军铁蹄的践踏下，还是在国民党的黑暗统治中，徐悲鸿不畏反动派的诱逼，不为金钱所动，坚决站在祖国和人民的立场上。在革命发展的关键时刻，他忠心耿耿，挺身而出。

在艺术教育事业中，他对培植人才表现出了无比的忠诚，始终把培养后一代的任务放在首位。他发掘、培养了一批画家，对有培养前途的穷学生一向慷慨解囊，我国当代许多著名画家都曾受到过他的培养和帮助。

徐悲鸿为我国的美术事业真正做到了鞠躬尽瘁、死而后已。徐悲鸿当年曾在一赠友人的条幅中写道："富贵不能淫，贫贱不能移，威武不能屈，此之谓大丈夫。"这也正是对他自己的高尚品格的真实写照。

徐悲鸿的一生，是艰苦的一生，奋斗的一生，爱国爱民的一生。在他的许多作品中，都写有"危亡之际""痛感民族之不振""忧心如焚"等词，发出他愤世嫉俗的慨叹。有不少作品的思想内容，相当深刻地表现出热爱祖国、同情人民的感情。

徐悲鸿一生创作了大量的杰出作品，为中国画的改革、发展作出了不可磨灭的贡献。2003年，为了纪念和弘扬徐悲鸿先生对我国美术事业的巨大贡献，我国美术界设立了全国书画院系统最高美术奖项"徐悲鸿美术奖"。

附 录

学艺之道无它，锻炼意志第一。

—— 徐悲鸿

经典故事

名字的由来

据说,徐悲鸿原名徐寿康。有一次,他到一位亲戚家吃喜酒,许多人都穿着绸衣,唯徐悲鸿却穿着布大褂,很多人看不起他,对他十分冷落。

后来,他想进洋学堂学习,为将来谋生立足,可是他父亲拿不出钱,他向别人借钱,谁也不借给他。

徐悲鸿深感世态炎凉,悲从中来,犹如鸿雁哀鸣,遂改名为"悲鸿"。此后决心发愤绘画,终于成为一代艺术大师。

勇于为国争光

徐悲鸿是我国杰出的画家。1919年至1927年,他在欧洲一些国家留学。当时的中国军阀混战,贫穷落后,在世界上没有地位,在外国的中国留学生常受到一些人的歧视。

有一次,许多留学生在一起聚会,一个满身散发着酒气的外国学生站起来,恶毒地说:"中国人又蠢又笨,就是把他们送到天堂里去深造,也成不了才!"

坐在一旁的徐悲鸿被激怒了,他走到这个洋学生面前,大声说:"先生,你不是说中国人不行吗?那么,我代表我的祖国,你代表你的国家,我们比一比,等学习结业时,看看到底谁是人才,谁是蠢材!"

从此,徐悲鸿学习更勤奋了。他到巴黎各大博物馆去临摹世界名画的时候,常常是带上一块面包、一壶水,一去就是一整天,不到闭馆的时间不出来。

法国画家达仰非常喜欢徐悲鸿,他从这个中国青年身上,看到了中国人民的坚强毅力。他主动邀请徐悲鸿到家做客,在他画室里画画,并亲自给徐悲鸿指导。

有志者,事竟成。徐悲鸿进入巴黎国立高等美术学校后在几次竞赛和考试中都获得了第一名。

1924年,他的油画在巴黎展出时,轰动了巴黎美术界。这时,那个在大家面前大骂中国人无能的洋学生,不得不承认自己不是中国人的对手。

一张换一张

徐悲鸿一生崇拜任伯年,自说是任伯年"后身",因任伯年死的那天,正是徐悲鸿出生之日。想不到,任伯年58岁去世,徐悲鸿也只活了58岁。

徐悲鸿注意收藏任伯年作品,但由于徐悲鸿不愿卖画,生活拮据,见到任伯年画,只能拿自己的画和别人交换。最初,徐画三四张才换任画一张,后来逐渐减少,到20世纪40年代,一张徐画就能换任画一张。

徐悲鸿为任伯年编写了年谱。他在其中评价道,任伯年绘画最精彩处,在对象嘴和脚的描绘,挺拔而有力。

虚心向别人学习

1929年9月,徐悲鸿由蔡元培引荐,就任北平大学艺术学院院长。徐悲鸿转而聘齐白石为教授。

当时的北平画坛，死气沉沉，以模仿古人为能事，保守势力相当顽固。木匠出身的齐白石大胆创新，变革画法，可惜，却得不到多少响应，北平画坛对他一片冷嘲热讽。

当徐悲鸿乘坐四轮马车来到齐家时，齐白石为其诚心而感动："我一个星塘老屋拿斧子的木匠，怎敢到高等学府当教授呢？"

"你岂止能教授我徐悲鸿的学生，也能教我徐悲鸿本人啊！"徐悲鸿说，"齐先生，我徐某正要借重您这把斧子，来砍砍北平画坛上的枯枝朽木！"

徐悲鸿买画

一次徐悲鸿在一家画店发现一张很有名的画，便想把它买下。他问店主此画卖多少钱，店主回答说300元大洋。徐悲鸿认为贵了些，恋恋不舍地离开了画店。

回去后，徐悲鸿越想越觉得此画画得好，实在想把它买下，便又去画店问此画能否便宜些，店主不同意。徐悲鸿很失望地回家后，认为此画实属珍品，便又第三次去画店，最终以300元现大洋将此画买下，心中十分高兴。

这天，张大千到徐悲鸿家做客，徐悲鸿兴奋地对张大千说买了一张珍品画，边说边取出这张画让张大千欣赏，张大千将此画反复观看后，对徐悲鸿说此画是仿制。

徐悲鸿听后很是不快，张大千即用水将画的右下角浸湿轻轻撕开，上面就显露出大千仿制字样。徐悲鸿不禁惊呆了，张大千执画哈哈大笑，遂用300元现大洋将画买回。

徐悲鸿不仅是一个画家，还是一个收藏家，他经常收藏名家作品。

20世纪50年代初,徐悲鸿在北京参加一个画展,一幅《梅妃写真图》杂于诸多画像之中供展览之用,许多人并不知道这幅画的来历,徐悲鸿却一眼看出,这是我国明代画家仇英的杰作。

此时,一个外国驻华大使正与主人议价,要买这幅图。徐悲鸿不愿这幅画流于国外,立刻插上前去,对主人说:"我买了,不还价。"

这位大使与徐悲鸿有私交,已商议过邀请他到自己国家办画展,此时见到徐悲鸿从中作梗,夺他所爱,一气之下,再也不提邀请他办画展的事。

被誉为"神笔"

1934年春天,徐悲鸿到莫斯科国立博物馆举办画展,并为观众现场作画。

那天,观众把展览厅挤得水泄不通。徐悲鸿从容地磨墨、铺纸,转眼之间,一匹活生生的骏马便出现在纸上了。

观众被徐悲鸿的高超技艺征服了,大厅里响起雷鸣般的掌声。

这时候,一位身材魁梧的元帅拨开人群,走到徐悲鸿面前,彬彬有礼地说:"徐先生,我能要这幅画吗?不然,我会发疯的!"

徐悲鸿被这位元帅的诚意感动了,他点头微笑,挥笔题上字,把这幅画送给了元帅。

元帅高兴得像打了胜仗似的,和徐悲鸿热烈拥抱,大声称赞道:"徐先生,你不但是东方的一支神笔,而且是世界的一支神笔。你笔下的马,比我骑过的那些战马更壮美!"

虚心认错

徐悲鸿有一次开画展,来宾如潮。正当他对众人介绍画作时,忽然从人群中走出一乡下土老倌。

土老倌走到画前问他:"此画,是先生你画的?"

徐悲鸿回答:"是。"

土老倌对他说:"先生,你这幅画里的鸭子画错了,你画的是麻鸭,麻鸭尾巴哪有恁(这样)长的?"

众人仔细一看,此画原来是徐悲鸿"写东坡春江水暖诗意",画中有麻鸭,尾羽卷曲如环。

怎么错了呢?

原来麻鸭只有雄鸭羽毛鲜艳,尾巴卷曲;雌麻鸭却是羽毛麻褐色且尾巴极短的。

徐悲鸿连忙认错,向这位乡下汉子深深致谢。

三笔画打猎

黄纯尧是徐悲鸿的得意门生。

有一次,徐悲鸿出题,让黄纯尧据以作画:"我的题目很简单,画一个扛猎枪的猎人,带一只猎犬进大山去打猎。但有规定,这幅画只能用三笔完成。"

黄纯尧思索有顷,回答说:"老师规定太严格了,用三笔是无法完成……不知老师可否作一下示范?"

徐悲鸿从画案上拿起笔,第一笔画了起伏的曲线,一座大山;第二笔画的是一根既粗又短的直线,表示猎人进山时露出的猎枪枪管;第三笔画的是一段浸墨的粗线,表示猎犬的尾巴。

黄纯尧不得不对老师高度的概括力钦佩。但他迅即就对老师发动了一次小小的"反击":"恕学生冒昧,我也想出一道题回敬老师,不知吾师意下如何?"

徐悲鸿一声朗笑:"来而不往非礼也,怎么依得我愿不愿意……

你就赶快出题嘛!"

黄纯尧的题并不复杂:"三十晚上,猎人在森林里打鬼。"

徐悲鸿一怔,随即问道:"几笔完成?"

黄纯尧答说:"请老师见谅,一笔都不给。"

徐悲鸿惊疑地反问:"一笔都不给?你画得出来吗?说给我听听。怎么画法?"

黄纯尧笑答:"不装墨的砚盘翻过来,涂上一层墨汁,放在白纸上使劲一摁,纸上便留下一片墨迹。这不就是三十晚上打鬼一片漆黑,什么都看不清吗?"

徐悲鸿一阵大笑:"你这小子可真够调皮呀!"

善于发现人才

饮誉中外的绘画大师徐悲鸿,尤以画马著称,一生画马,爱马如痴。他还是一位善于发现人才的画坛伯乐。

齐白石 57 岁时定居北京,60 岁以后"衰年变法",形成了独特的艺术风格。可是,当时不少名士行家鄙视齐白石是木匠出身,对他的作品冷眼相看。

在一次国画展览会上,齐白石的一幅《虾趣》立轴被挂在最不显眼的角落里。当时任北京艺术学院院长的徐悲鸿见到此画,眼前为之一亮,欣喜异常,认为是难得的艺术珍品。可是此画才标价 8 元。

徐悲鸿当即找来展厅负责人,将齐白石这幅画移挂到展厅正中,与自己的《奔马图》并列在一起,并亲自将标价改为 80 元,还在说明栏中注上"徐悲鸿标价"5 个字,而他自己的那幅《奔马图》才标价 70 元。此事很快传遍北京画界,齐白石由此声誉骤起,一举成名。

徐悲鸿又专程前往拜访齐白石,请他担任艺术学院的教授。他认为齐白石是画坛千里马。在徐悲鸿的一再推举下,齐白石走出茅屋,从此蜚声画坛，成为现代国画的一代宗师。白石老人在给徐悲鸿的信中说："生我者父母，知我者君也！"

赠画

徐悲鸿以画马著称，泼墨写意或兼工带写，塑造了千姿百态、倜傥洒脱的马，或奔腾跳跃，或回首长嘶，或腾空而起，或四蹄生烟。他画的马既有西方绘画中的造型，又有中国传统绘画中的写意，融中西绘画于一炉，笔墨酣畅，形神俱足。那刚劲矫健、剽悍的骏马，给人以自由和力量的象征，鼓舞人们积极向上。

由于徐悲鸿经常画马，他对马有一种偏爱。和马在一起，听着马蹄嘚嘚，看着马御风奔驰，他觉得是一种精神享受。他的心仿佛和马一同驰骋。

一次，徐悲鸿在成都坐马车，马车夫是一位和善的老人，他爱马，马养得非常好。他举起鞭子，那匹栗色的年老的牝马便扬起那好看的蹄子，欢快地向前奔驰了。

徐悲鸿喜欢这样待马的好人，他走下马车，马车夫正忙着给马预备水和饲料。

"这个给你。"徐悲鸿先生忽然对马车夫说，一面从手提皮包里取出一幅折叠起来的奔马画。这是他昨天晚上才画好的。

马车夫疑惑地抬起他那满是皱纹的前额，眯着眼睛呆望着徐悲鸿，仿佛没有听懂他的话。

"老大爷，"妻子廖静文从旁解释说，"这是一张画，是送给你的。"

马车夫那双混浊的眼睛陡然亮起来，他双手接过画，连声说："谢谢老爷，谢谢老爷。"

马车夫眼角湿润了，动情地说："我碰到好人了，今天一早，我看见一只喜鹊飞到我的窗子上，我就想，兴许有啥子喜事要来，可是，我这个穷老头儿还能有啥子喜事呢？现在，真灵验啦！"他又唠叨开了，同时用右手扯起左臂的袖口，擦去已流到面颊上的泪水。

徐悲鸿先生握着马车夫那双粗糙得像石头般的手，连声说着"再见"，才离开他走了。

事后，廖静文很不理解地问徐悲鸿："先生，您为什么突然要给一位不相识的马车夫一幅画呢？何况他又不知道您是谁，您是否有点过分慷慨了？"

徐悲鸿十分柔和地回答说："因为我爱马，也爱善待马的人。你看这个马车夫，既能非常熟练地驾驭，又能视马如亲人。他对马的爱打动了我的心，使我受到感动，何况他的生活很难呢！"

听着先生的话，廖静文十分感动。

年　谱

1895 年 7 月 19 日出生于江苏省宜兴县屺亭桥镇。

1901 年，从父识文断句。

1904 年，已读完《诗》、《书》、《易》、《礼》和《左传》等书目，正式从父习画，每日临摹晚清名家吴友如的画作一幅，并且开始学习调色、设色等绘画技能。

1905 年，帮父亲在不重要的画面上填彩敷色。岁末时，能够帮乡里人写春联。

1908 年，随父辗转于邻近的乡村镇里，卖画为生。

1912 年，独自到上海卖画，并想借机学习西画，以提高自身的绘画水平。

1914 年，父亲病故。为养家糊口，返回故乡并开始在彭城中学担任图画教员，同时在思齐女子学校及宜兴女子学校教习图画。

1915 年，再次到上海。在黄警顽、黄震之的扶助下研习法、德文。结识画家周湘、高奇峰、高剑父等人。

1916 年，考入法国天主教会主办的复旦大学。

1917 年，赴日本东京研究美术。回国后应蔡元培之邀受聘为北京大学画法研究会导师。结识著名文人陈师曾。

1918 年，争取到公派赴法留学的机会。与鲁迅会晤。

1919 年 3 月，偕夫人蒋碧薇赴法留学。

1920 年，拜法国著名画家达仰为师。

1921 年，离开巴黎，转至经济萧条的德国柏林，问学于画家康普。

1922年，从学于康普的同时，到博物馆临摹著名画家伦勃朗的画作，并常去动物园画各种动物，以提高写生能力。

1923年，返回法国巴黎继续学习。5月，作品《老妇》入选法国国家美术展览会（沙龙）。

1924年，未接到北洋政府发放的学费，生活窘迫，胃病复发。绘画技法日臻成熟。

1925年，与游历法国的黄孟圭结伴，途经新加坡回国。田汉在上海举行"消寒会"，向文化界人士介绍和举荐徐氏及其作品。

1926年，春日，返回法国。夏季，至比利时首都布鲁塞尔并在此临摹艺术大师约斯坦的《丰盛》，受益匪浅。自感这一年是创作最多的一年，其中不乏得意之作，如油画《箫声》《睡》等。

1927年，先后游历了瑞士及意大利的米兰、佛罗伦萨、罗马等地，观赏到众多名家画作。

1928年1月，与田汉、欧阳予倩组织南国社。在上海成立南国艺术学院，担任绘画科主任。2月，应南京中央大学的聘请任艺术系教授。10月，任北平大学艺术学院院长，年底辞职。

1929年，专职在南京中央大学任教。在第一届全国美术展览会《美展汇刊》上连续发表《惑》《惑之不解》等文章。

1930年，完成油画《田横五百士》。夏天，在江西南昌走访民间木雕艺人范振华。

1931年春，在比利时首都布鲁塞尔举办个人画展。完成《九方皋》第七稿。

1932年，在参照南齐谢赫提出的中国画"六法"论的基础上，根据西洋绘画的艺术法则提出了在素描创作上应遵循的"七法"。

1933年，完成油画《徯我后》。应法国国立美术馆之邀前往巴黎举办中国近代绘画展。

1934年，游历意大利威尼斯、佛罗伦萨、罗马等历史文化名城。

8月，返回南京。

1935年，捐献作品及收藏，拟在广西桂林独秀峰下建一美术馆，由于全国抗战爆发，未能实现。

1936年，与汪亚尘、颜文梁等人组织画会"默社"。创作《逆风》《沉吟》《柳鹊》等画作。

1937年，在香港、广州、长沙等地举办画展。在香港购得视为自己生命的宋人画《八十七神仙卷》。10月，随中央大学内迁赴重庆。创作《巴人汲水》。

1938年，继续在中央大学艺术系任教。接受印度著名诗人泰戈尔的邀请筹备赴印展览。10月，携大批作品离开重庆。

1939年，在新加坡举办筹赈画展。在印度国际大学举办中国近代画展。

1940年，继续在印度逗留，与泰戈尔结下深厚的友谊。在加尔各答举行作品展。完成中国画《愚公移山》。

1941年，由印度回国，途经槟城、怡保、吉隆坡等地，举办画展，并将几年来卖画所得近10万美元全部捐出用于抗战救灾。

1942年，在云南保山、昆明举办画展。到重庆，继续在中央大学艺术系任教。在重庆盘溪筹备成立中国美术学院。

1943年，继续主持筹办中国美术学院。在重庆举办画展。

1945年，与蒋碧薇女士离婚。大病未愈，仍坚持在中央大学艺术系任教。在郭沫若起草的《文化界对时局进言》上签名，主张废除国民党的一党专政。

1946年1月，与廖静文女士结婚。担任北平艺术专科学校校长。

1947年，发表《新国画建立之步骤》《当前中国之艺术问题》等重要文章。

1948年，与夫人廖静文拒绝随国民党南迁，团结北平艺术专科学校全体师生员工保护学校。

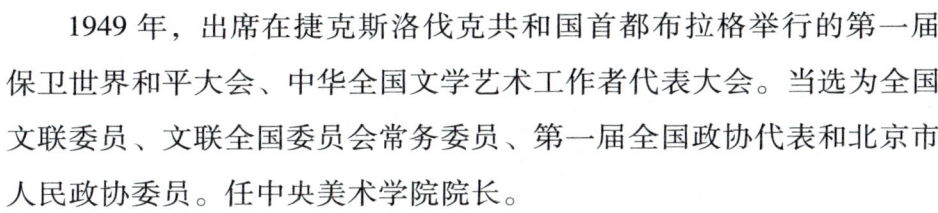

1949年，出席在捷克斯洛伐克共和国首都布拉格举行的第一届保卫世界和平大会、中华全国文学艺术工作者代表大会。当选为全国文联委员、文联全国委员会常务委员、第一届全国政协代表和北京市人民政协委员。任中央美术学院院长。

1950年，在全国战斗英雄、劳动模范代表大会上为战斗英雄画像。为创作《毛泽东在人民中》画了大量速写和构图。

1951年，抱病到山东导沭整沂水利工程工地体验生活，为劳模、民工画像，收集反映新中国建设的素材。7月，患脑出血，半身不遂。

1953年，抱病指导中央美术学院教学工作，为结业班的学生讲课，为教员油画和素描进修小组上课。为抗美援朝的志愿军画《奔马》。9月23日，担任第二次文代会执行主席，脑出血症复发。26日晨，逝世于北京医院，享年58岁。

名 言

● 车多碍辙，船多擦边。

● 大海能冲刷掉人类的污垢。

● 宁方毋圆，宁脏毋净，宁拙毋巧。

● 没有一种遗产能像诚实那样丰富的了。

● 必须用事实让他们重新认识一下真正的中国人。

● 花朵凋谢，明年还会再开；青春逝去永远不会再来。

● 只要有所事事，有所追求，人就把握住了机运的车轮。

● 我们不应该带着观点来调查事实，而必须用事实来证明观点。

● 人不是根本不相信自己的死，就是在无意识中确信自己不死。

● 那些缠扭着家庭的人，命定要永远闭卧在无灵魂世界的僵硬的生活中。

● 劳之反面为逸，闲暇云者，固无所事事，逸则有事如无其事也。故形容词之逸气逸笔逸才，乃言其从容解决困难也。

● 一个人如果对待陌生人亲切而有礼貌，那他一定是一位真诚而富有同情心的好人，他的心常和别人的心联系在一起，而不是孤立的。

● 中国画之妙处，有如水之就下，自成文章，奔流穿涧，漩转萦回。或一泻百尺如飞瀑，或涓涓滴滴若吐珠。要以引用自然，随势顺逆为其极则，以自然人乎规矩者也。

● 西洋画如打台球，三球相距或远或近，顺者易合，逆者每违。而必深解其理，迫之相撞，旁敲侧击，缓急疾徐，率直迂回，求其必中。其奇妙时，神出鬼没，变化无穷，而值合乎数理。此以规矩人乎自然者也。

图书在版编目(CIP)数据

徐悲鸿/刘明山编著. —北京：中国社会出版社，2013.3
(2022.6 重印)
(世界名人非常之路)
ISBN 978－7－5087－4353－0

Ⅰ.①徐… Ⅱ.①刘… Ⅲ.①徐悲鸿(1895～1953)－生平事迹 Ⅳ.①K825.72

中国版本图书馆 CIP 数据核字(2013)第 036312 号

出 版 人：浦善新	策划编辑：侯　钰
责任编辑：侯　钰	封面设计：张　莉

出版发行：中国社会出版社	地　　址：北京市西城区二龙路甲33号
邮政编码：100032	编 辑 部：(010)58124867
网　　址：shcbs.mca.gov.cn	发 行 部：(010)58124866
经　　销：各地新华书店	

印刷装订：北京华创印务有限公司	开　　本：170mm×240mm 1/16
印　　张：13	字　　数：200 千字
版　　次：2013年3月第1版	印　　次：2022年6月第3次印刷
定　　价：49.80 元	

中国社会出版社微信公众号

中国社会出版社天猫旗舰店